民族传统体育

周洪生　周健川　编著

吉林文史出版社

目录

第一章　什么是民族传统体育

第二章　民族传统体育的起源与发展

第三章　中国传统文化与民族传统体育

第四章　竞技表演性民族传统体育

第五章　健身娱乐性民族传统体育

第一章

什么是民族传统体育

中华民族传统体育是中国56个民族在其自身发展的过程中形成的，具有悠久的历史、丰富的内容、多样的形式、古朴的风格、浓郁的民族特点，以及独特的作用和巨大的影响力。它是中华民族文化宝库中的瑰宝，亦是我国社会主义体育事业的重要组成部分。

民族传统体育作为一种传统文化，具有极其旺盛的生命力、鲜

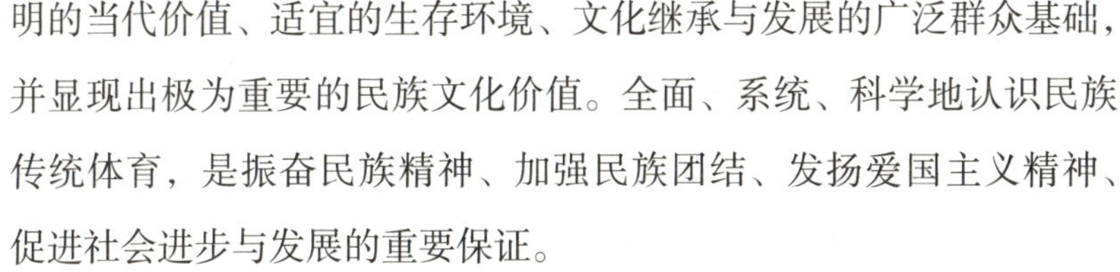

明的当代价值、适宜的生存环境、文化继承与发展的广泛群众基础，并显现出极为重要的民族文化价值。全面、系统、科学地认识民族传统体育，是振奋民族精神、加强民族团结、发扬爱国主义精神、促进社会进步与发展的重要保证。

民族传统体育的内涵与特点

❖ 民族传统体育的内涵

民族传统体育是中华传统文化以及传统体育文化的重要组成部分。民族传统体育文化是在我国各地各民族世代传承与发展的，以促进身体健康发展、增强身体机能、提高民族社会适应与生存能力为目的的人类社会活动，具有深厚的民族文化内涵与外延的传统体育文化。我国各族人民在长期的生产和生活实践中积累起来的传统体育文化，是中华民族传统文化的重要组成部分，其形式丰富多彩，内容博大精深，涉及养生宜心、强身健体、竞技搏击、休闲娱乐等文化领域，是中华民族传统文化几千年文明发展的历史沉淀，是我国重要的、珍贵的非物质文化遗产。

民族传统体育是指具有民族文化特色的体育活动，是民族地区社会历史发展过程中一个或多个民族内流传或继承的传统体育活动的总称，主要是指我国各民族所具有的强身、祛病、健体、习武和娱乐性质的传统体育运动。

就世界范围的体育运动而言，基本上可分为两大体育文化体系：一类为世界各个国家、各个民族地区通行的，起源于西欧等国家民族地区的田径、体操、球类等运动项目，这类运动项目是由古希腊、古罗马竞技以及欧美娱乐活动项目发展起来的，因而将此类体育运动定义为西方体育运动文化体系。另一类为东方等国家地区民族所特有的民族传统体育运动文化体系，如我国的导引、太极拳、武术；印度的瑜伽；日本的相扑；韩国的跆拳道等，都是起源、传承于东方各个国家民族的健身、竞技、军事、娱乐活动中，通常将该类体育运动文化统称为东方体育运动文化体系。

中华民族传统体育在其历史的变迁中，是寓竞争性和技巧表演性、游戏性、艺术观赏性、趣味性为一体的综合运动形式。它涵盖了“性命双修、心身并育”的生命整体优化理论，把人与环境视为不断进行物质、能量和信息交流的统一体，并把人体功能的强化和优化看作是一个精神同物质紧密联系的统一的整体活动。

中国民族传统体育是社会政治、经济、军事、文化、教育、宗教信仰、风俗习惯和民族传统的集中反映，是随着社会文化而产生、发展和演变的。它是在历史上由于生存区域、生存环境、生产劳动和生活方式、文化积累和传播的不同而导致不同于其他民族的体育文化。它既是一种植根深厚而形成稳定的精神物质文化，而又在历史变迁中不断改变其具体的结构式样，呈现出多姿多彩的差别来。这种在相承相续中渐进发展的趋向，使得我们民族体育文化的形成在历史演进中开放出灿烂的花朵，孕育出丰硕的果实。这种在民族文化丛林中最具代表性的文化特质，突出地再现了民族特色、民族心理和民族意识，它内在的文化魅力和文明价值闪烁着不灭的慧光。随着人类文化的进步，中国民族传统体育得到了前所未有的发展，其内容日趋丰富和完善，价值和功能越来越为人们所认识，成为现代社会生活中人们强身健体、修身养性不可缺少的方法和手段。

民族传统体育文化具有历史继承与传扬性，其中任何一个项目或活动都是在特定民族文化的背景下，在一定历史条件下产生，并在历史发展过程中遵循取其精华，淘汰其糟粕而逐步发展起来的。它具有民族独特的气质与风格，是民族文化的重要组成部分。

要正确理解民族传统体育的概念及内涵，以及区别一般意义上的体育或者是现代西方体育。民族传统体育具有以下几个特性。

1. 民族性

民族性是指民族传统体育体现在特定的民族文化类型中，作为其基本内核而存在的民族文化，是对于特定文化类型最高层次的概括，它具有沟通特定民族全体成员心灵的特性。任何一个民族总是存在着一些有别于其他民族的风俗习惯、生活方式和民族情调，当它们升华后将成为代表这个民族的标志性文化。当人类的族别类聚于一定的时空条件时，必然在特定的生存环境及社会条件下产生一定的民族文化，并随着社会的发展而不断地承袭、发展、演变和创新。民族传统体育经过几千年的发展后，已经成为族人生理、心理、身体形态及思想观念的特殊标志，内化在民族体育活动中。在此过程中民族传统体育一些已有的文化因素在演化中消失，另一些前所未有的文化因素在发展中出现。

任意民族的文化不仅具有与世界其他文化相同的演变规律与内容，而且还具有不同于其他民族文化的特殊形式。民族传统体育具有鲜明的民族特性，如武术的技击中讲究“内外合一，形神兼备”，强调动作的目的性和实效性，追求和谐统一的动作技术结构特性，充分体现了民族传统体育的特色。又如，蒙古族的摔跤、藏族的押加、维吾尔族的姑娘追、朝鲜族的秋千、回族的木球、傣族的跳竹竿、苗族的划龙舟、高山族的背篓球赛、羌族的推杆等，在民族文化体系中都具有文化特质的代表性，突出地再现了民族特色、民族心理和民族意识，是推动民族传统体育文化发展内在的基本动力。

2. 历史性

民族传统体育作为民族文化具有悠久的历史性。民族传统体育是在长期的社会生活和生产劳动中形成的文化现象，伴随着社会发展、人的发展及宗教信仰的改进与传承过程中逐渐形成现存的民族

传统体育运动，其悠久的历史性包括民族传统体育的起源、传承与发展过程，至今仍完整保留着的民族传统文化的特征与性质。

民族传统体育的发展与进化是各民族历史发展的必然。民族传统体育不只是一种单一的文化，而是多元文化交融所构成的复合体，随着历史的变迁其文化内容所产生的增量或减量变化，使其文化模式、系统结构和风格逐渐趋于合理与成熟。在漫长的历史变迁中有些民族传统体育项目内容由于社会及自然环境的变化而缺失或流变，但有些民族传统体育的部分项目，如武术、摔跤、秋千、风筝、龙舟、射弩、舞龙（舞狮）、赛马等，因具有运动文化的趣味性、参与性和竞争性等而形成极强的生命活力，从而得以保存和延续，并在其历史的延续中得到发展，并逐渐完善而成为我国人民喜爱的民族传统体育项目。

3. 传统性

文化发展的一个基本的规律是其积累性和变革性，每一代人都会在继承前人文化知识的基础上，增加新的知识内容，这是文化的积累性。文化又会随着社会经济、政治的变革发生变化和更新，这是文化发展的变革与创新。当我们回顾历史文化的积累和变革时，会发现一些相对稳定、长期延续的内在因素，它们在文化积累中一再被肯定，在文化变革中它们仍然被保留，我们把这样的东西称为传统。作为一种观念形态的文化，传统的项目内容总是处于一种不断产生又不断淘汰的过程中。从这个意义上说，并不是所有的在历史上出现过的文化都可称为传统文化，只有那些具有重要价值、具有生命活力并得以积淀、保存和延续下来的文化才称为传统文化。民族传统体育包含了许多相对稳定、长期延续的内在因素，如强身育心、提高社会适应、促进人与社会交往等因素，民族传统体育作

为中华民族传统文化中的一颗明珠具有极为强大的生命活力，有着传统的延续、继承和传扬的优势，虽在其发展、演变过程中会经过社会的扬弃、丰富或变革，但它始终保留着传统的民族文化特性。

4. 传承性

传承性是指民族传统体育文化在时间上流传的连接性，即历史的纵向延续性，它是民族传统体育文化的主要继承与传递的基本方式。民族体育文化的传承是通过特定的社会关系和社会要求来实现的。特定的社会关系和社会要求规定了人们对于文化遗产选择的自由度，也规定了人们对于其思想文化进行选择性继承与传扬的本质。民族传统体育文化既是被传承的，也是被不断发展和创造的，要从根本上适应民族发展的内在需求，这也是民族文化得以发展延续的内在规律。一种民族传统体育文化一旦形成，就会具有一定的稳定性和延续性，在发展中变化充实其内容和形式，不断提升其文化内涵而代代相传与延续，这种传承性对维系民族的凝聚力和意识认同具有很大的效应。在民族传统体育的漫长历史传承过程中，受各种因素的影响，民族传统体育文化在目的、方法、内容与手段等方面随着社会历史的发展也会产生与之相适应的改变。

总之，民族传统体育是在民族大众中开展的，具有浓厚民族传统特色的各类体育活动，它具有民族性、历史性、传统性和传承性。民族性是传统体育文化发展的基本内核，历史性是传统体育文化发展的必然，传统性是传统体育文化发展的延续，传承性是传统体育文化发展的社会规律，它们共同构成了民族传统体育的内涵和外延，推动着民族传统体育文化的发展。

❖ 民族传统体育的特点

中华民族传统体育在长期发展的历史进程中，由于受地理环境、社会生产、生活方式、文化水平以及宗教民俗等各方面的影响，逐渐形成了鲜明的特征。在一定程度上，它从不同的角度和层面反映了中华民族的文化形态，其特点表现为娱乐性、竞技性、地域性、交融性、多样性和适应性。

1. 娱乐性

民族传统体育的娱乐性体现在运动是以闲暇消遣、健身娱乐为主要目的，而又具有一定模式的民俗文化活动。它是人类在具备起码的物质生存条件的基础上，为满足精神的需要而进行的文化创造。从简单易行、随意性较强的一般传统体育项目，到技艺精湛，具有严格规则的竞技比赛项目；从因时因地，自由灵便的戏耍，到配合岁时节令的大型体育活动表演，以及将体育融汇于宗教礼仪、生产劳动、欢度佳节，喜庆丰收之中的节庆祭祀，民族传统体育承载了其民族文化艺术，同民族舞蹈、音乐相结合使民族传统体育的娱乐性得到了充分的体现。

2. 竞技性

竞技性是民族传统体育活动中竞争意识的体现。这项最能显示人们的强壮、机敏和征服性的活动，早在原始社会就出现了体育竞技的萌芽。我国民族大众中传承的体育竞赛活动，早期源自黄帝时期为报答神灵赐福的宗教庆典。先秦时期以技击为基本特征的武术已有一定的发展，以民族、地域构成封建割据时代的国体政体：为生存，同恶劣的自然环境斗争；为争夺地盘，兵事纷争；为扩充势力，就得练兵黩武。全民尚武成为弱小民族理所当然的习俗。这种在战争中孕育与创作，在生活中扩大与丰富，在体育活动中继承与发扬，在交往中维系与传承的习俗有着独特的技击、练武和宗教信仰特点，是古代体育竞技精神的突出表现。它产生于该民族，又流传于该民族，使参加者在相互较量的竞赛中，获得心理的愉悦，起到磨炼意志、开启心智的作用。

3. 地域性

某一地区的一个民族或几个民族所处的区域环境以及由区域环境所带来的自然条件不同，使各个民族都在自己文化背景的基础上形成了有别于其他民族的传统体育活动方式，这就是民族传统体育的地域性。一定地域的地理环境是一个民族长期生息、繁衍的空间条件。在古代由于各民族所处的地理环境以及由地理环境所带来的自然条件的不同，加之交通不便、信息量少、受经济自给性和地方

封闭的影响，常常有较强的地域性。因此，各民族都在自己的文化背景上形成了独具特色的传统体育项目，所谓“北人善骑，南人善舟”就反映了地理环境对生产方式和传统体育的影响。如“草原骄子”的蒙古族，过着随草迁移的游牧生活，精骑善射，“随草迁移”形成了以骑射为特点的赛马、赛骆驼等传统体育项目。居住在青藏高原的藏族以及西南地区的其他民族，善于攀登、爬山、骑马、射箭等传统体育。而南方气候温和，江河较多，多数少数民族善于游戏，赛龙舟等活动长久不衰。总之，南方民族以集体性体育项目为主，如赛龙舟、抢花炮等；北方民族更多以个体化的体育项目为主，如摔跤、马上项目等。

除南、北两大差异外，还有风俗习惯、社会进程、文化繁荣、心理素质的差异，即使是同一民族也会因地域关系，其传统体育开展水平又各具多样化的特色，并受民族心理意识的影响。

4. 交融性

民族传统体育在数千年的发展过程中，形成了独具风格的文化体系，它是一个相对封闭而又开放的系统。不同文化模式与类型的相互碰撞和交流，促进了民族体育的发展，随着社会的进步和文明程度的提高，以及民族之间的交流与渗透，民族文化进一步融合，民族产生时所具有的共同地域、血缘关系、文化等都发生了不同的变化。因此，人们在进行体育活动的同时，便将各民族许多传统的体育项目相互交融，共同学习，最终达成共识。这种现象被某些学者称为“文化凑合”。同时，它体现了民族体育发展规律中的一种共融性特征。

每一种传统体育项目最初总是从某一地区、某一民族中首先发展起来，而后随各民族间文化交流，逐渐被具有相同自然条件的民

族接受和改造，这一项目也因此丰富、成熟起来。以龙舟比赛为例，据考证最初应源于古越一带，后来由于古越文化和长江中游文化的往来，逐渐扩展到我国南方大部分省区。据统计，仅地方史书对龙舟活动有详细记载者多达数百条，涉及我国南方 15 个省区。其他如马球、秋千、骑术、武术、气功、围棋等项目也都是各族人民共同创造的结果。

此外，民族体育的交融性还表现在文化和艺术的相互融合。我国少数民族能歌善舞、能骑善射，产生了技击性和艺术性相统一的传统体育项目，既强身健体又愉悦身心，达到健、力、美和谐统一，如黎族的“跳竹竿”者跪、蹲交替，节奏越打越快，难度越来越大，跳竿者随竿的分合与高低变化灵巧地跳跃其间，展现出各种优美的姿势。这就要求参与者不仅具有良好的身体素质，还要具备较高的音乐素质和舞蹈技巧，在这些因素互相交融作用下，构成了民族传统体育丰富多彩的内涵。

5. 多样性

民族传统体育是由各民族共同创造的，其内容丰富、形式多样，每一个民族都有自己的传统体育项目，分布之广，项目之多，在世界上绝无仅有。有的项目与种族的繁衍有关，如哈萨克族等民族的姑娘追、羌族的推杆、朝鲜族的跳板等；有的活动源自生产、生活习俗，如赫哲族的叉草球、草原的赛马和骑射以及江南水乡的竞渡等；有的项目来自宗教习俗；有的项目则直接由军事技能转化而来，如各个民族的武术等，从而构成了多姿多彩的民族传统体育项目。

民族传统体育类别繁多，结构多元，由于项目不同，动作结构各异，技术要求也不同，如舞龙、舞狮、龙舟竞渡、扭秧歌、掼牛、拔河、风筝、姑娘追、武术、毽球、抢花炮、珍珠球、蹴球、木球、

射弩、打陀螺、押加、马术、踩高跷、荡秋千、赛马等各种活动都具有各自不同的技术特征，因而形成了各具特色、风格迥异的运动项目。有以养生、健身、康复和预防疾病为目的的导引、太极拳、气功等；有富有趣味性、轻松愉快的各种民族舞蹈、钓鱼、围棋、象棋、风筝等娱乐性体育；也有按竞赛规则规定的比赛场地、器械以及其他特定的条件进行的智力、体力、心理、技术、战术等方面的竞技体育活动。同时，有些项目是人们在农忙之后、生产之余进行；有些则附着在民俗的一些祭祀、节令中；有一人参加的运动，也有多人参加的集体运动；有适合男子的运动，也有适合妇女、儿童的运动。

总之，民族传统体育多种多样，异彩纷呈。中国是一个多民族的国家，地域经纬跨度大，各民族各地区的人们生产、生活方式的迥异是民族传统体育项目的起源和组织活动形式多样性的主要原因。同时，在中国56个民族大家庭中，由于民族之间传统的差异，从而形成不同民族的文化类型和特点。每一民族的人民都生活在一定的文化氛围中，有区别于其他民族的宗教、信仰、礼仪、习俗、制度、规范、文化心理等，这也是导致民族传统体育多样性特征的重要原因。

6. 适应性

民族传统体育内容丰富、形式多样，其动作结构、技术要求、运动风格和运动量也各具差异，个人可根据需要从中选择适合于自己的项目进行健身活动。有的项目不受时间、季节的限制，有的项目在场地、器材上可因地制宜，就地取材，还有的项目可徒手或持器械进行，给开展群众性体育活动提供了便利条件。因此，民族传统体育有着广泛的适应性，可以满足不同年龄、不同性别、不同层次、

不同人群的需要。少年儿童天真好动，但力量弱小，多三五成群开展一些娱乐性强、体力消耗在中度以下的活动，如抽陀螺、踢毽子、跳皮筋、跳绳等；中青年的体育活动重视规则，讲究形式，在较高的力量及技巧水平上强调竞技性，这些竞技项目在各民族中开展得最为广泛；老年人体力渐衰，在从事体育活动时以修身养性、祛病延年为核心，如太极拳、养生气功、钓鱼这些项目不仅使筋骨得到基本的舒展，而且还可以使丰富的文化内涵与社会生活相结合，达到开阔心胸、颐养天年的目的。男性可以参加如赛马、摔跤、骑射等运动，崇尚力量与惊险，力求表现勇武精神；女性可以参加秋千、跳板等活动。也有许多项目是男女共同参与的，如哈萨克族的姑娘追，就需要男女青年借助于骑马追逐，显示他们朝气蓬勃、热情奔放的精神风貌。

人们也可根据各自的生理、心理特点和喜好选择不同的项目进行锻炼，无论是舞龙、舞狮、赛龙舟、拔河等群体对抗的项目，还是摔跤、赛马等个体项目，或者各种娱乐游戏等活动。民族传统体育中许多项目不受场地、器材的限制，可以因地制宜地选择项目进行锻炼。民族传统体育的广泛适应性将推动全民健身计划的实施，促进大众体育的发展。

民族传统体育的内容与分类

民族传统体育内容丰富，形式多样，风格各异。民族传统体育项目在总体格局上具有多元性，在地域分布上具有广泛性，在社会

发展方面具有不平衡性，因而对民族传统体育项目进行分类是一个较为复杂的问题。其分类的方法可按照性质、作用和功能、地域分布、民族以及项目特点等为依据，归纳成不同的类别。

❖ 按民族传统体育的性质与作用进行分类

1．娱乐类

这类民族传统体育项目富有趣味性，轻松愉快，其目的是休闲娱乐。它大致包括棋艺、踢打、投掷、托举、舞蹈等项目，其中棋艺主要指各民族棋类项目，以启迪智力为主，如象棋、围棋、藏棋等；踢打有踢毽子、打飞棒、踢沙包等；投掷有抛绣球、投火把、丢花包、抛沙袋；托举通常以托举器物或负重为主，如举皮袋、抱石头等；舞蹈有接龙舞、跳芦笙、耍火龙、打棍、跳桌等。

2. 竞技类

是指按竞赛规则规定的比赛场地、器械以及其他特定的条件进行智力、体力、技术、战术等方面的竞赛，如珍珠球、秋千、押加、木球、蹴球、抢花炮、毽球、龙舟、打陀螺、民族式摔跤、武术、马术、射弩、踩高跷等民族传统体育。有单人和集体项目，可分为体能、竞速、命中、制胜、技艺等各种类型。

3. 健身养生类

主要目的是养生、健身、康复和预防疾病。项目多样，如导引、太极拳、气功等，动作一般比较简单、轻缓，强度不大，长期坚持锻炼，可达到预防疾病、增进健康的目的。

❖ 按运动项目的形式与特点进行分类

根据现代体育运动的形式和特点，可将民族传统体育项目分为跑跳投类、球类、水上项目、射击、骑术、武艺、舞蹈和游戏等。

其中跑跳投项目有跑火把、雪地走、跳板、跳马、投沙袋、掷石、丢花包等；球类项目有木球、珍珠球、叉草球、蹴球、毽球等；水上项目有龙舟竞渡、划竹排、赛皮筏等；射击项目有射弩、步射、射箭等；骑术项目有赛马、刁羊、姑娘追、赛牦牛等；武艺项目有打棍、顶杠、摔跤、斗力、各族武术等；舞蹈项目有跳竹竿、跳花鼓、跳火绳、东巴跳等;游戏项目有秋千、跳皮筋、踢毽子、跳房子、跳绳、斗鸡、打手毽等。

❖ 按不同的民族所开展的项目进行分类

中国共有56个民族，每一个民族都形成了具有本民族特色和反映本民族文化的传统体育活动，有的项目起源于本民族，有的是在历史发展过程中由外族传入，在本民族中融合流传至今。由于我国民族众多，形成了大聚居、小杂居的现象，有的项目在多个民族中开展，有的项目则为一个民族所仅有，众多民族在相当大的范围内难以完全趋同。因此，按不同民族开展的项目进行分类，有助于我们了解这一民族所开展的体育项目，区分其特点。如蒙古族的摔跤、赛马等；回族的木球、掼牛等；藏族的赛牦牛、赛马等；维吾尔族的摔跤、赛马等；苗族的秋千、划龙舟等；彝族的摔跤、赛马等；壮族的抛绣球、抢花炮等；布依族的秋千、丢花包等；朝鲜族的跳板、摔跤等；满族的珍珠球、冰嬉等；白族的赛马、赛龙舟等；纳西族的东巴跳、秋千等。每个民族都有自己传统的特色体育活动项目，在此不一一列举。

❖ 按地域进行分类

我国地域辽阔，各区域的自然地理环境、经济类型、社会历史

和文化、生产和生活方式、风俗习惯、民族心理等存在差异，各区域民族体育有着不同的特色，为了从整体上把握民族传统体育概貌及地域性特征，可按我国地域分布的情况划分为东北内蒙古、西北、西南、中东南四大区域，以便对各区域民族开展的传统体育项目进行分类。

以上几种分类方法各有其特点和局限，在具体实践过程中，可根据研究的目的和任务，采用不同的分类方法，以利于展示民族传统体育内容的广博性，使我们更全面、更深刻地认识民族传统体育，把握其发展的基本规律。

民族传统体育的功能与价值

民族传统体育作为一种文化形态，它是一个民族经济、政治、

教育、科学、文化相互作用、相互渗透、同步发展的产物。在不同的历史时期有着不同的社会价值和功能，它作为一项体育运动，能够满足个体和社会的需要。随着人类社会的发展和民族文化的相互交融与渗透，其功能已经向着多元化的方向发展，具备了多重的社会功能和实用价值。主要表现在健身功能、娱乐功能、教育功能、整合功能等方面。

❖ 民族传统体育的社会功能

1．强身健体、延年益寿，表现出强身健体、修身养性的功能

民族传统体育项目主要来自人们的生产、生活方式中，与身体活动有着密切联系，它要求人们直接参与运动，在娱乐身心的运动中逐步改善民族体质，提高各民族人民健康水平。因此，强身健体就成为其主要的功能之一，通过参与运动锻炼能促进机体的生长发育，提高运动能力，改善和提高中枢神经系统的机能，调节人的心理，提高人体对环境的适应能力。

在我国少数民族运动会中开展的 14 个竞技项目，如木球、珠球、蹴球、毽球、押加、秋千、抢花炮、射弩、马术、武术、龙舟、打陀螺等对身体素质有着较高的要求，能全面提高身体的各项机能。但是像拔河、打手毽、跳绳、跳皮筋、爬杆、荡秋千等，以及其他具有民族特色的各种娱乐游戏类项目作为健身的手段更适合广大群众进行锻炼，经常参与这些运动，可以增强体质，达到强身健体的目的。

民族传统体育不仅可以强身健体，而且还可以修身养性，促进身心全面发展，提高生命质量。倡导娱乐、健康第一，通过愉快而健康的身体活动来提高人们的生活质量，是现代体育发展的新趋势。而民族传统体育中的“导引养生术”“五禽戏”“八段锦”“太极拳”

等成为人们健身与修身养性的最好方法和最具实效性的健身运动。民族传统体育为全民健身活动的开展提供了丰富多彩的练习形式和方法，展现了无限的发展空间，它与全民健身活动的统一，是民族文化与体育文化发展的价值回归。

2. 融自娱自乐、沟通情感、和谐气氛为一体，表现出愉悦身心的功能

民族传统体育是一种以娱乐身心为主要目的的活动，它着重于人的身心需要和情感愿望的满足，不以高超复杂的技艺对应大众，而是以自娱自乐的消遣性与游戏性的活动方式迎合大众，使人们在这些娱乐性的活动中，直接得到令人愉快的情感挥发。从简单易行、随意性较强的项目，到技艺精巧、有规则要求的竞技，从因时因地、自由灵活的娱乐戏耍，到配合岁时节令的民族体育，不仅把民族体育融合于宗教礼仪、生产劳动、欢度佳节、喜庆丰收之中，而且还将民族体育与文化艺术形式、民族舞蹈等融合在一起，使民族传统体育活动的娱乐性体现得更加充分。

民族传统体育活动以其独特的魅力和积极健康的文化娱乐方式以及观赏性吸引着更多的人参与，并成为人们休闲生活中的重要内容之一。如蒙古族的“那达慕”盛会和土家族的摆手舞，气氛非常热烈；苗族的龙舟和壮、黎、侗、布依等族的打铜鼓，伴以歌、载以舞，表演各种动作，风格突出，具有浓郁的民族特色和欢乐气氛。还有民间游戏活动的内容也非常丰富，元宵观灯、舞狮子、舞龙、踩高跷、跑旱船、扭秧歌等难以计数。这些游戏活动在流传演变过程中不断丰富发展，形成了独特的风格和娱乐形式。民众以观赏此类文娱体育表演而取乐，不仅拓宽了社会交往，增进相互间情感交流，而且使人们形成了积极向上、乐观开朗的心理状态。其他如拔河、秋千、

打手毽等也都具有相当的娱乐成分，深受人们的喜爱。

随着社会的迅速发展，生活节奏的不断加快，人们承受的生理和心理负荷愈加沉重，为了解除精神的紧张和身心的疲劳，通过参加各种民族体育活动的锻炼，获得一种精神上的享受和超越自然的感觉，达到愉悦身心的目的。民族传统体育有自娱和他娱的功能，是一种“快乐体育”，在现代社会生活中发挥着重要作用，它以突出娱乐性作为主要目的，并用快乐身心的方式增进健康。

3. 通过口传身授，结合竞技、游戏等身体活动方式，表现出教育、文化传承的功能

体育运动本身是一种很有说服力的教育手段，对整个社会的教育作用是非常广泛而深刻的。在我们的现实生活中，体育教育往往能够影响人们的价值观、伦理道德观、审美观以及人们的行为模式。

在我国民族传统体育从产生到发展始终与教育有着密切的联系，它作为教育的内容和手段，在历史发展的过程中发挥了积极而重要的作用。民族传统体育在人类的早期教育中，是通过娱乐游戏、舞蹈等身体活动的方式来实现的，在没有文字和书本的时代，教育主要靠口传心授、模仿等达到传授知识的目的，它具有早期启蒙的功能。西周时“礼、乐、射、御、书、数”六艺成为学校教授的内容；春秋末期教育家孔子将“礼、乐、射、御”等与体育有关的内容列入了教育的范围；唐代创立了武举制，武举科考试，设有骑射、步射、举重等项目；宋代的“武学”，明代的“武备”课堂，都把武技作为教育的内容；近代，以武术为主体的民族体育被列为学校体育课程；进入现代以后，民族传统体育在学校教育中得到了前所未有的发展，一些高等院校为民族体育专业的学生开设了武术、八段锦、五禽戏等课程，同时摔跤、围棋等也作为民族体育项目进行教学。另外，

骑竹马、跳山羊等被编入幼儿园和小学的体育课，还有一些传统体育项目如秋千、毽球、木球、蹴鞠等被一些地区列为课外的体育锻炼项目。把民族传统体育的教学融入到学校体育教育中，丰富和充实了教学内容，激发和调动了学生参与练习的积极性，可以培养坚强的意志品质和团结、合作、勇敢的精神，继承和发扬中华民族谦虚、善良的传统美德。民族传统体育也是培养民族认同感和民族精神的有效方式，在文化传承的过程中，充分体现着自身的教育价值。

4. 培养认同感和民族精神，增强凝聚力，表现出整合的功能

在民族发展过程中，随着时代与社会的变迁、民族之间的融合，民族产生时所具有的共同地域及血缘关系、文化等都可能发生不同的变化，人们对一个民族存在和发展的态度就构成了民族的认同。民族传统体育活动起到使本群体、本民族认同的作用。如每年端午节举行的龙舟竞渡，其发生基础是龙图腾崇拜的遗存形式，但在其传承过程中，增加了纪念屈原这一受人们敬佩的人物内容，由于屈原是一位凝聚着中国传统伦理道德和价值观念的著名历史人物，使得子子孙孙的认同感得以更好地实现，使人们产生强烈的民族自豪感和自信心，从一个侧面增加了民族的向心力、凝聚力和号召力。又如，舞龙、舞狮、踩高跷、赛马、拔河、斗牛、摔跤等活动，多是以集体为参赛单位，参与者除了具有强烈的竞争心外，还有着集体荣誉感。因此，通过参加集体性的民族传统体育运动，培养了团结、协作精神，使人们的群体意识得到加强，对增强民族认同感和凝聚力起到重要的作用。它以极大的吸引力、聚合力，使成员的态度和行为存在个体差异的前提下，集聚于一定的文化运动轨道，整合为一个普通文化现象的运动势态。

民族传统体育作为一种文化载体，起着民族间相互联系和交流

的桥梁与纽带作用。通过举办全国少数民族传统体育运动会，比赛规模、参赛人员日益扩大，各民族欢聚一堂，既振奋了民族精神，促进了民族团结，又大大地推动了民族事业的发展和繁荣。加快民族地区体育事业的发展，大力开展民族传统体育活动，对加强民族团结、政治统一，实现富民、兴边、康体、强国、睦邻具有十分重要的意义。可见，民族传统体育对促进社会的进步，仍然发挥着重要的功能和作用。

❖ 民族传统体育的价值取向

1. 促进民族团结、社会稳定与政治统一的文化因素

我国形成多民族国家已有两千多年的历史，共有 56 个民族，少数民族有一亿多人口，占全国人口总数的 9.8%，民族自治地区面积

612 万平方公里，占全国总面积的 64%。其中大部分处在我国中西部地区，自然资源和物产资源非常丰富，战略位置十分重要。国家的统一，国力的强盛，民族的和睦，都与边疆的稳定有着密切的关系。

21 世纪的中华民族正在走向国家的统一，实现伟大的振兴，在我国现代化建设向着强国、和平的战略目标迈进，大力提高国际竞争力和增强民族凝聚力的时期，作为一个统一的多民族社会主义国家，能够加强少数民族地区生产力的解放与现代化发展，是取得建设有中国特色社会主义现代化事业的全面胜利的重要保障。

民族传统体育以其广泛的社会功能和鲜明的时代内涵，具有振奋民族精神，唤醒民族意识、维系民族情感、增强民族凝聚力的显著作用。

2. 促进社会经济发展、提高民族综合素质的价值

民族传统体育的活动内容大多与生产、生活方式关系密切，它以经济活动方式为基础。民族传统体育资源丰富，呈现出地域性、主体化、广泛性分布的特点，利用民族传统体育资源建立本地域特色经济，对推进民族地区经济的发展有着特殊的作用。发展民族传统体育，走民族地区经济产业化的道路，可以促进民族地区的经济发展，这种积极的作用表现在以下两方面。

第一，民族传统体育是提高国民素质的重要手段。人是生产力体系中最活跃的因素，也是首要因素，这个因素能否发挥作用，由人们的最基础的素质决定，即国民综合素质。在多种素质构成的综合成分中，人的身体素质和智力素质是国民素质的基础。少数民族地区要实现经济发展，缩小与发达地区的差距，在抓好对科技、教育的投入基础上，重点要抓好人口质量，提高民族总体的身体健康水平，使民众体力强盛、精力充沛，从而具备较高的文化科学素质

和生产技术能力，使劳动力在再生产过程中达到增值的作用。

第二，开展民族传统体育可以加速体育产业的发展。如推动民族地区民族服饰、活动器材等生产的发展；建设一批大、中、小等不同类型、不同标准的民族传统体育活动的场地和设施，促进交通、邮电、商业和饮食等行业的兴起；组织精彩的民族项目比赛活动，设立竞赛场地的广告和电视转播，既可以增加民族地区体育职能部门的经济收入，缓解经费不足的现象，又可以起到传播商品信息、扩大商业需求和推广生产发展的作用；协调体育与有关部门的利益问题，使民族传统体育与民族旅游业有机结合在一起，谋求赞助，发售民族传统体育邮票，开设民族传统体育网站，发布咨询结果，这是民族地区通过民族传统体育产业来提高经济效益的集中表现。

3. 民族兴旺，社会和谐发展的根本标志

我国的民族传统体育是由56个民族共同创造的精神与文化财富，是由各民族的历史、政治、经济、文化、宗教、风俗习惯等文化的积淀与创造汇集而成的。1953年、1982年、1986年、1991年、1995年、1999年、2003年、2007和2011年举行的全国民族传统体育运动会，规模一届比一届盛大，项目一届比一届丰富多彩，独具特色的民族传统体育与文化艺术融为一体，将民族传统体育按照固定的节奏一浪接一浪推向高潮，展示了民族传统体育文化是全人类共同创造的精神财富，是由民族文化创造汇集而成，具有共同的基本属性，融会于民族文化的特性之中，这种基本的属性，既可以反映民族性和时代性的统一，又表现出兼容性和选择性的一致。从而使全民族对民族文化发展特性认识的同时，充分参与、占有和分享属于全民族的精神与物质财富的民族传统体育文化。

我国是由56个民族所组成的多民族统一社会，在开拓中华民族悠久的宝贵的文化遗产时，开展民族传统体育活动，将在人民的社会生活中构成五彩缤纷绚丽壮观的场面。民族传统体育对弘扬民族精神的直接作用，在于它树立了民族形象。回顾中国的近代史，民族传统体育所表现出抗击外夷，报国图强，誓死保家卫国的民族精神内涵始终与民族的命运和振兴事业有着血肉般的联系。民族传统体育的发展动力在很大程度上来自民族的忧患意识、自强意识，以及新时代体育所表现出来的顽强拼搏精神，所有这些观念对体育运动的普及，奥林匹克运动的兴起，以及挖掘和继承民族传统体育文化，增进民族团结和凝聚民族向心力等诸多方面都具有极为重要的作用。

现代社会所流行的任何一项体育项目，都起源于世界各国的民族传统体育文化，是在一定的地域条件下受一定文化因素影响而逐渐形成的，并随着经济发展、文化交流、体育运动而广泛普及并逐渐成为世界性主流的体育运动。我国少数民族传统体育有近千个运动项目，其数量和形式丰富多彩，堪称世界之最。民族传统体育之所以能在世界上和人类文明历史发展中占据重要的位置，是各民族在其传统体育文化基础上与外来体育文化的交融中取长补短，不断完善和发展自己的体育文化所致。民族传统体育文化还必须树立全球意识，从人类文化学的发展方向上把握其发展脉络。立足于全球性的意识，才能更为深入地理解和吸收外来体育文化的精髓，并与本民族优秀的体育文化发展需要进行有机的结合和创造，不断改进与完善本民族体育文化而形成本民族的传统体育文化体系。

民族传统体育是中华文明的有机组成部分，是我们的祖先在中华民族生存与发展的历史过程中创造、传承和发展起来的民族传统体育文化，历尽沧桑经久不衰，在一定程度上促进了我国数千年民族文化的发展，其蕴藏的民族文化精神一直影响着现代华夏民族的思想意识和价值观念，民族传统体育运动方式与手段仍为各民族人民所乐于采用。通过对中华民族传统体育文化的挖掘、保护、整理与传承，吸纳外来体育文化的精髓并使之与优秀的民族传统体育文化进行有机的结合和创新，并从人类发展的科学角度加以研究，将为中华民族传统体育全面走向世界，促进国际体育文化的大发展做出积极的贡献。

第二章

民族传统体育的起源与发展

民族传统体育的起源

民族传统体育是伴随着人类社会的发展而萌生的。新石器时代，人类的生产方式开始由渔猎、采集向畜牧和农耕过渡。到了父系氏族社会时期，出现了专门的手工业与经常性的商品交换，生产力不断提高，剩余产品增多；后期出现了私有制和阶级划分，爆发了部落之间的原始战争，有了原始的文化、艺术和宗教信仰（图腾崇拜、祖先崇拜和祭祀活动），原始教育也由直接的劳动技能的传授，发展成以模拟劳动动作和发展身体素质为目的的“身体练习”。

❖ 生产劳动与生存需要是民族传统体育形成与发展的源泉

远古时期我国是一个传统的农业国家。人们为了扩大适于居住的环境，改善生活质量，以坚韧不拔的毅力和聪明的智慧，不断向大自然求取生存的资源，在同大自然进行较量的过程中，无论南方或是北方民族，都有各种不同形式的生存问题需要他们不断地克服，在与大自然斗争的过程中逐渐形成了一定的生产、生活方式，体育活动自然也是在此过程中逐渐演化而成的。如江南的龙舟竞渡、北国的冰上运动、大漠的骆驼赛跑、高山民族的越野竞走、游牧民族的马术、西南苗疆的射弩，都充分体现了来自农耕民族、游牧民族、山地民族文化的基本特征，无不保留着民族特殊地域条件下生产工具与生活方式的烙印。这些形式多样、具有独特民族地域性特色的体育活动伴随着各民族的生存需要与生产劳动，以及民俗文化的演进延续至今。

我国各民族的传统体育活动都与其早期的生产劳动及其生活方式保持着密切联系，如赛马、马上拉力、斗牛、赛牦牛、斗鸡、斗

羊等民族传统体育活动往往是从各民族的家畜、家禽的驯化和畜牧业发展的基础上衍生而来的；渔猎业的发展则演化出投掷、射击类活动和赛海马、围虎陷、拉海龟等活动；鞭春牛、舞春牛则是农业活动的衍生活动。龙舟竞渡由龙图腾而来，但龙舟运动也是在手工业和渔业推动下发展的，因为龙舟的制作和划龙舟的技巧是手工业和渔业的产物。

居住于贵州西北部的少数民族喜爱一种叫“独竹漂”的技能竞赛活动，参加者每人脚踩一根竹竿，顺着水流滑行。活动以在独竹上完成各种具有一定难度的平衡动作的质量高低为优胜的评判标准，其源起于古代先民在江河中漂运圆木、竹料的劳动运输过程。长江中下游地区的一些民族有一项称为“摇快船”的体育娱乐活动，它是起源于当地蚕桑生产。在养蚕时节人们需要渡河去买桑叶，对渡河买桑叶者的划船技能要求很高。因为在这种日常的活动中，人们对快速划船有了直接的感受，于是逐渐将这项手工业生产的辅助活动独立出来，形成了“摇快船”的民族传统体育竞技。

狩猎是原始先民的主要劳动方式之一，彝族先民在狩猎时所

用的工具中，有用藤条缠住石头投掷的飞石索，有弓箭，有投掷器，还有匕首，这些工具的使用技巧直接关系到先民狩猎的成果，对这些工具的运用技术技能就成为先民经常练习与训练的内容，这种索取生存资料的需要为其民族传统体育活动的形成奠定了坚实的基础。

在距今三万余年的山西省峙峪遗址出土了一批用燧石制作而成的石镰，这是中国目前所发现的最早的箭头，它表明当时的原始人已经开始使用弓箭。古代民族先民使用弓箭并逐渐发展为提高射箭运动技能，礼射、射柳、射草狗、射鬼箭、骑射等不同形式的射箭方法技能，逐渐被赋予了民族体育文化内涵及其运动竞技的价值取向，从而成为集宗教信仰、审美情趣、生活娱乐等多种功能及性质为一体的、富有浓郁民族特色的民族传统体育活动。

在西部民族地区，生产劳动是人类社会赖以生存的基本方式，两千多年前的民族先民生活在河谷地带、崇山峻岭中，居住的环境山高谷深，野兽出没无常，自然环境恶劣，生产工具落后，劳动生产力低下，生活条件艰苦。在恶劣的生活环境下，随着农耕社会文化、牧猎社会文化的发展，出于生存和生产劳动的需要，必须具备强壮的体魄和良好的身体素质，必须具备扎实的农耕技能或跑步、跳跃、攀爬、投掷、射箭等技能，才能符合其社会发展的需要，才能具备与野兽搏斗，进行农耕、采集野果和狩猎等最原始的生产劳动，获取生存所需的食物，因而与之相应的地域性传统体育文化也随之形成与逐渐发展。

在连绵的山谷和莽莽的原始丛林里，民族先民们在生活中创造本民族文化的同时也创造了独特的民族传统体育文化，在以农耕与狩猎为基本生产方式的生产劳动过程中；在族人会聚的活动过程中逐渐形成和发展了跑步、跳跃、投掷、攀爬的运动能力，逐渐形成和发展了射箭、骑马、投掷的狩猎必备技能，并有意识地将这些技能作为提高后代适应社会环境的生存竞争能力，通过教育代代相传，使历史悠久的民间传统体育文化活动得以普及开展，从而达到传承“尚武崇艺、重技能和强健身心”的民族传统体育文化的目的。

❖ 社会纷争与军事斗争需要在一定程度上推动民族传统体育的发展

据资料记载，随着社会的发展，生活环境和分配方式的改变，民族先民的自我保护、防卫意识逐渐增强，因而产生了许多社会团体，出现了部落与部落之间，以及外来侵略的战争。远古时代的民族先民在生存竞争的艰苦环境中，为维护自身的安全，免受部落之间的相互倾轧，保卫所获取的胜利果实，抵御外来侵略的威胁和危害，采取了各种防范措施和手段。如“彝族式摔跤”原是彝族最原始的传统民间体育，它从远古时期单一的力量、技能对抗变成了调解部族、村寨争端和纠纷的直接手段。贵州西北部的彝族人，历来将“摔跤”比赛的胜负结果作为裁决是非、解决矛盾和争议的方式。强壮的体魄、精湛的武艺、顽强善斗的品质是民族生存的根本保证，因此族人为民族生存而倡导强悍、勇敢、善斗的自强不息的民族精神，培养族人重义、刚烈、忠诚的人格，注重对族人进行武术、散打、摔跤、器械、射弩等械斗、技艺技能的教育与训练，把热爱本民族和尚武作为民族文化教育的重要内容，饱尝社会斗争苦难的民族经过岁月的洗礼，刚强重义、勇敢善战、武艺高强，为传统体育文化的形成与发展起到了重要推动作用。

羌族的推杆比赛也与一个有关战争的传说密切相关。一个邻近部落曾经入侵羌族人的聚居地，羌族人运用粗木杆制作的长矛击退

了来犯的部落。后来，人们在庆祝胜利之余为了挑选出功劳最大的勇士，将一把长矛的枪尖取下，由两名武士各持一端用力前推，经过多轮比赛，终于选出了力气最大的勇士。从此，推杆成为羌族人世代流行的一项体育活动。

我国少数民族无论是人口逾百万，还是人口仅数千，都经历过从分散到聚合，从战争到和平的历史发展过程。民族传统体育活动中深深印刻着历史的痕迹，北方民族中的蒙古族始源于大约 7 世纪望建河（今额尔古纳河南岸）的一个部落，经历了长期的战事纷争，蒙古族的历史充满了战争的色彩，他们是生活在马背上的民族，这种历史背景不仅使其成为一个精骑善射的民族，而且也使民族传统体育项目必须与马匹、征战有关。其他诸如武术、摔跤、赛马、马术、射弩等运动项目都与战争有关。因此民族传统体育又与国家联系在一起，赋予民族认同感。

1840 年以后中国封建社会逐步沦为半封建、半殖民地社会的时期，为抗击外国入侵者，反抗丧权辱国的封建制王朝，中国各地出现了声势浩大的农民起义军，他们设武馆，采用民间武术的组织形式，集聚群众训练队伍，成立了小刀会、大刀会、长枪会、义和团等民间武术团体，在民族面临生死存亡的紧要关头，充分发挥民间传统体育——武术的作用，拿起大刀、长矛展开了殊死抗击外夷和保家卫国的战斗，为维护中华民族领土完整谱写了可歌可泣的爱国主义篇章。

由于战争对于民族存亡至关重要，战争的技术和战术来源于各族人民的日常生活，因此，对战争胜利起积极和关键作用的运动方式便往往被迁移到日常生活中。它既代表着一种对和平的向往，也凝聚着各族人民的生活智慧。

❖ 生命价值观念是民族传统体育文化形成的核心

生命的产生和终止，引起了古代人对生命存在的哲学思考。在殷代，我国的哲人就开始了对生命和身体运动的研究。在殷代的思想里，充满了对自身健康的祈望，表达了对病痛命蹇的焦虑和不安。为了追求长寿,避免早夭,先哲们对生命本质进行了探索。彝族认为，“哎与哺”就是清阳之气和阴浊之气，人是二气结合所在。纳西族、傣族原始先民也认为人是由气而成，这种把非生命看成是“生命的本质”，是人类最早对“生命本质”的探索。虽然古人对“气”的理解是模糊的，但都是十分可贵的。《庄子·刻意》说：“熊经鸟伸，为寿而已。”形容当时人们进行体育活动时模拟动物的动作，用来锻炼身体，以求健康长寿。华佗的“五禽戏”更是以禽兽的跑、跳、纵、滚、翻、飞等动作，增强身体活动，显现出古代朴素的唯物主义生命观。同样，中国传统的养生、健身生活，还受大一统的文化哲学思想影响，特别注重形神兼备，讲究在“天人合一”的思想指导下，通过悟道，达到与“天、地、神”相通的境地，要“以心会意，以意调气、以气促形、以形合神”，强调“意、气、体”一致。先秦时期出现的“人之生也，天之为精，地之为形，合之以为人”，并提出塑造“四肢强健，思虑恂达，耳目聪明”的人，才是身心完善的人。回族讲究大、小净卫生习惯，是其他民族无法比拟的。其礼拜仪式的“五功”之一的拜功：一套完整、有效的卫生保健方法，它不仅达到了宗教的礼拜目的，而且还起到了有效的健身作用。这种良好的生活方式为运动健身奠定了基础，从而促进了民众的身体健康。由于原始“生命价值”哲学理论的发展，必然繁衍与促进民众对体育价值的探索与理解，并逐渐形成了中国特有的卫生保健和民族传统体育活动的原始方式。

❖ 图腾崇拜与宗教祭祀活动促进了民族传统体育文化的传承

原始人类由于对自然现象的不理解和恐惧，认为万物是有灵的。原始宗教就是在万物有灵的观念上产生的，主要包括图腾崇拜、自然崇拜和祖先崇拜，以及在此基础上产生的原始巫术活动，其中图腾崇拜和原始巫术对民族传统体育产生了深远的影响。

世界各国古老民族在早期都普遍存在图腾崇拜这一原始宗教的信仰仪式，据古文献记载和考古研究所知，我国上古时期曾有鸟、蛙、蛇、熊、虎等多种图腾。据说，长江以南广大地区的赛龙舟活动，最初也是龙图腾崇拜的一种仪式。古越族人为表示他们是“龙子”，有“断发文身”的习俗，还乘着刻画成龙形的独木舟在水中模仿龙的姿态进行竞渡。在我国各地的民间传统体育活动中，除了赛龙舟之外，舞龙灯、纸龙等都依稀可见龙图腾崇拜的影子。

原始人不能理解各种自然现象的客观规律及其因果关系，幻想自然界对人存在着一种不可见的影响，而人也可以采取相应的方式影响自然界和其他人。原始巫术就是在这样的基础上产生并流行的，其主要目的是通过一定的巫术形式来祈祷狩猎成功、庄稼丰收、家畜强壮多产等。拔河就是一种祈祷丰年的巫术活动，人们希望通过众人的拔河之力感应农作物，使之借助这种力量茁壮成长，从而获得丰收。

随着原始宗教信仰的出现，崇拜祭祀仪式也渐渐渗透到人们社会生活的各个角落，在生产劳动和日常生活中都要举行一定的祭祀。每遇重大祭日，其祭仪就更为盛大，而舞蹈是一切宗教祭典的主要组成部分，它贯穿于宗教仪式的始终，从而促进了原始舞蹈中萌芽状态的民族传统体育的发展。此外，由于各个民族崇拜和祭祀的“神灵”不同,祭祀中所跳的舞也有所差别,譬如,自命为“虎族”的彝族,在祭祖时,人们仍要身披“虎衣”,在雄浑的锣鼓声中,模仿虎的动作,翩翩起舞。又如,汉族的“傩舞”、傈僳族的“飞舞”、白族的“绕之灵”等都是祭祀中体育活动的事例。

随着民族生活水平、科学文化及生产技术的提高,人们对神灵的依附心理日益淡薄,逐渐使其传统性的民族舞蹈摆脱神秘的宗教色彩,增添民族特色和浓郁的乡土生活气息,从敬神、娱神的原始活动发展到健身娱乐的较高层次,增加了文化娱乐功能与健身价值,使之成为独具民族特色的传统体育文化。这说明民族传统体育文化在漫长的生活实践中不断变迁和丰富,从崇拜神灵到与自然搏斗而最终发现自身的价值体现,使民族传统的体育活动更具强身健体、娱人身心的功能,从而形成现代具有较高价值功能的民族传统体育文化。

❖ 生活娱乐和风俗习惯对民族传统体育的影响

与从生产劳动、宗教祭祖、军事战争中衍生的民族传统体育的模式相比,生活娱乐则是人们从事体育活动的最基本的价值追求,正是出于各式各样的健身和娱乐目的,各族人民也创造出不少对他们的健康和身心愉快有益的体育活动。这些活动虽然与生产劳动、宗教信仰乃至战争等有一定关系,但是它更多的是人们的创造,而不是这类活动的简单移植。

民族地区大多数体育游戏都是直接源于健身娱乐目的而产生。由于人类天生的好奇心、创造力和娱乐欲,他们往往能够创造出一些内容新颖、形式活泼的传统体育活动。我国南北各地的儿童大多喜欢“老鹰抓小鸡”的游戏，在激烈的老鹰抓小鸡运动过程中，参与者既能够得到娱乐，也达到了健身的效果。这些传统体育运动也往往是顺应和满足人类娱乐需求而创造出来的，同时也具有良好的健身效果。

生活娱乐和风俗习惯是少数民族文化表达方式的重要体现。在远古时代，由于特殊的地理位置和自然环境的影响，生活在不同地域的少数民族，尤其是生活在封闭的崇山峻岭中的少数民族，在进行缓慢但具有很强季节性的农耕生产过程中，形成了春耕、夏耘、秋收、冬藏的自然规律和生活节奏，人们在一年四季的辛勤劳动中，获取丰收的成果。在漫长的历史进程中，为满足身心活动的需要，在获取猎物、打败侵敌、谷物丰收或举行民俗婚嫁等节庆活动中，民族先民们自发地组织一些民俗民间文化、体育及娱乐活动，载歌载舞，欢声庆典，以表达内心的喜悦，于是形成了诸多含义不同的传统节日和内容丰富的节日活动，每个节日的起源都有其悠久的历史、动人的传说、独特的情趣和神秘的色彩。据资料记载，苗族“铜鼓舞”、侗族“对歌、花灯”、布依族“傩戏、丢花包”等均为用于抒发情感的民族习俗活动。而每逢在民族盛大的传统节日中都要举行具有代表性的射箭、打飞棒、抢花炮、抱花腰、赛龙舟、斗牛、赛马、舞龙、舞狮等民俗民间体育竞技比赛和娱乐性表演，并逐步形成具有一定技巧性和具有一定规则要求的民族传统体育竞赛项目，这些都对民族传统体育的传承与发展，提供了丰富的体育文化资源和一定层面上的物质条件。

人类文化本身就是人类创造的产物，有着娱乐原欲的各民族百姓在对自然环境的利用和对自我生活经验的总结中“不断创造出满

足其自身娱乐需求的身体活动类游戏，这些活动全过程贯穿民族传统的娱乐趣味性，并且往往能达到较好的健身效果，因而我们称为娱乐性民族传统体育项目。

民族传统体育的发展

❖ 民族文化是民族传统体育发展的基础

民族文化是各民族在其历史发展过程中创造和发展起来的具有本民族特点的文化，包括物质文化和精神文化。民族文化反映该民族历史发展的水平。民族传统体育体现在特定的民族文化类型中，并作为其基本核心而存在的民族文化，是民族心理素质的特征体现，是对于特定文化类型最高层次的抽象表现，它具有沟通特定民族中全体成员心灵的普遍性，在很大程度上是民族传统体育发展的核心基石。

人类从特定的地域中产生出来，自然地形成人种和族别。在一定时空条件下的民族创造出一定的民族文化，并蕴含着民族文化特征上的不同精神形态。同时，民族传统体育又是在一定的历史时代中演化的，时代的风雨不断地谱写着民族文化的续页，一些过去的文化因素在演化中消失了，而有些前所未有的文化因素又会在发展中出现与建构。

一个民族的文化不仅具有与世界其他文化相同的规律和内容，而且还应有不同于其他民族文化的特殊的民族文化形式。民族传统体育文化表现出鲜明的民族特性，是推动民族传统体育发展的核心力量。这种民族传统体育文化内涵在增进民族团结和凝聚民族向心力，增强民族忧患意识，再现伟大的爱国主义精神方面发挥着重要的作用。

❖ 教育是民族传统体育文化传承与发展的主要途径

人类在进行生产劳动的同时也必须进行自身繁衍以推进整个人类的发展和进步，教育就是人类传承自身生活经验从而提高后代认识和实践能力的最主要方式。人类不仅仅需要提高自身的生存智慧，更需要从根本上强健自身的体魄，以保证后代的身心健康。就是在这种强有力的、持续的社会存在意识推进下，一些作为人类繁衍自身和教育后代手段的民族传统体育项目便应运而生了。

新疆哈萨克族和柯尔克孜族盛行的“姑娘追”是一项较为典型的具有繁衍后代和教育后人功能的民族传统体育项目。19 世纪晚期哈萨克族的“姑娘追”活动：青年女子择夫标准是选择身强体壮的赛马优胜者。这项运动又称“爱的追逐”竞赛，可将其视为青年男女缔结婚约的一种形式。考察这类活动的含义，我们可以推测哈萨克人选择这种方式是为青年女子择夫，其实是具有繁衍后代和教育后人的本意。赛马优胜者往往是身强体壮的男子，这样的人和姑娘

结婚能生育更强健的后代，能够在以后更有利于生存，这是游牧民族重点考虑的问题。这种择夫方式给青年女子留有一定的余地，也对青年男子提出了较高要求。正是在这样的体育观念教育的推动下，哈萨克族和柯尔克孜人保持了其彪悍的民族气质。

当然，一些民族还通过其体育民俗教育后人，为其生产劳动做准备，如台湾的布依族有一种“射耳祭”的活动，他们的成年人教小男孩站在一定距离用弓箭练习射挂在枝头上的动物耳朵，希望男孩将来长大后当勇士，做狩猎能手，这项活动后来就演化成为一项民族体育项目。

❖ 传承与传扬是民族传统体育发展的内在规律

传承性是指民族传统体育文化在时间上传衍的延续性，它是社会历史发展的纵向延伸，同时也是民族传统体育的重要传递途径与方式。民族传统体育文化的传承是通过特定的社会关系和社会发展需求而实现。特定的社会关系和社会发展需求规范了人们对于文化遗产选择与继承的权利与责任，也体现了先哲们对于体育文化意识进行诠释的层次水平。

民族传统体育作为民族传统文化的纽带，是在长期的社会历史发展中被每个民族自觉加以继承的物质与精神财富。原始的民族传统体育活动在生产方式演变和各民族文化互相交流、社会竞争冲突及宗教祭祀活动过程中，既保留了本民族原始的活动方式，也借鉴和吸收了其他民族文化的活动内容，不断地传承、变迁、回馈、融合并发展成为今天的民族传统体育项目，使民族传统体育文化得以保留。这种传承既保存了许多传统的东西，又加入了不少现代成分，民族传统体育文化既是被传承的，也是被不断发展和创造的，它要从根本上适应民族发展的内在需求，这也是民族文化得以发展延续的内在规律。某一民族传统体育一旦形成，就具有一定的稳定性和延续性，在发展中变异并充实，代代延续，这种传承性对维系一个民族的凝聚力和精神意志力具有很大的同识效应。

❖ 适应性是民族传统体育发展的人文基础

适应性是民族传统体育实用性的体现。在一定的文化层次研究中，它是剖析体育起源和发展各阶段形态的活化石，又是挖掘和创造新的体育项目的基本资源。由于民族传统体育是由各民族共同创造的体育文化，运动类别繁多，结构多元化，并具有民族各自的民俗文化特点以及表演和竞赛的性质；由于民族传统体育项目不同，动作结构不同，技术要求不同，运动风格各具差异，并不受时间、场地、器材、季节的限制，人们可以选取简单易行、生动活泼、喜闻乐见的项目进行健身活动。从而体现了民族传统体育发展的基本特征，决定了开展民族传统体育活动的适应性，使其为社会发展，人的全面、自由、和谐的发展，为人的身心完善展开和全面实现，提供了一个良好的活动平台，并为一定的文化内涵下的思维方式和行为模式所定势。

随着民族文化的繁荣与发展，以及社会文明向更高级层次的发展，民族传统体育的适应性越来越强，交通技术的发展缩小了世界的距离，现代科学技术的发展从信息上把世界各地连接为一体，拉近了各民族体育文化交往的距离，现代先进的科学技术已不带有种族和地域的特征，宏观把握和综合思考的思想观念随着劳动频繁的交换而产生，加强了人与人、民族与民族、国家与国家之间的联系，使民族传统体育在文化交流与融合中表现出世界性特征。这一趋向必然使得民族传统体育文化的适应性不断增大，民族传统体育文化的价值尺度在文化共识的前提下走向统一。

❖ 民族凝聚力是民族传统体育发展的核心

民族凝聚力是指一个民族随着历史的演进已逐渐形成的极具个性，颇有特色的文化形态，成为团结一致，共同对外，推动本民族发展的一种力量。中华民族是一个多民族组成的人类共同体，华夏文化也是一个多元结构的复合文化形态。在中国历史发展的漫长过程中，以汉族文化为主体，辅以其他众多兄弟民族文化，相互交融，相互促进，共同创造了灿烂的中华民族文化。因而中华民族凝聚力是中国各民族由于长期生活在统一的国家内而形成的认同感，是由于长期的相互依存的经济文化联系与共同的生活、斗争而形成的对于共同利益密不可分的深刻认识，民族凝聚力是在上述基础上产生的各民族平等团结、繁荣发展、建设强大的统一国家的共同愿望。

民族传统体育作为中华文化的组成部分，深深地蕴含着这种凝聚力的品格。民族传统体育是一种综合的民俗文化，它重视人的身心需要和情感愿望的满足，不以高超复杂的技艺、深邃的思想和深厚的文化修养诸条件要求对应公众，而是以普遍适应的、自娱自乐的消遣性与游戏性特征迎合民众。不必具有高水准的文化素质条件就可以在这些活动中得到较直接的，令人愉悦的主体情感的抒发和宣泄。民族传统体育这一发展特性，使它自然产生了巨大的吸引力，吸引了大量的观众，民族传统体育活动的举行，使它成为民族文化的盛会，各民族群体成员相互配合和协作状态往往是民族文化盛会成败的关键，即使是旁观者也会自觉或不自觉地涌入到民族群体成员当中，为竞赛的胜败而欢呼鼓劲或沮丧。这种将个人荣誉和集体

荣誉融为一体的竞赛，体现了民族传统体育活动在态度和行为存在个体差异的情况下，集聚于一定的文化运动轨迹，整合为一种带有普遍趋同的文化现象和体育运动的势态，从而激励广大民众释放深层能力。

❖ 经济是民族传统体育发展的调节杠杆

民族传统体育活动内容更多地是以生产、生活为根本，与各自的生活、生产方式密切联系，并依赖于经济活动方式的支撑。民族传统体育的繁荣与发展，为民族主体强化其利益动机提供了条件。市场经济机制强调公平、有序和守法的原则，而民族传统体育作为一种体育文化也弘扬公开、公正和平等的精神，它们之间的运行法则、表现形态和内在本质规定具有相似性和相同性，加之人们自身的主动介入和不断深化，在步入竞争有序的市场经济轨道中，形成了民族传统体育与地方经济共荣发展的地方民族传统体育文化特色。特别是我国实施全民健身计划纲要以来，各民族传统体育如雨后春笋般得到了极大发展，各少数民族地区也在不定期地发展各种民族

传统体育活动。随着民众的家庭收入增多，传统体育活动多以家庭、社区、社会联动的运动形式蓬勃开展，是民族传统体育发展的一个成功模式。同时民族传统体育可以借助强大的经济杠杆从一个地方传到另一个地方，从一个民族团体传到另一个民族团体，既有文化大潮的碰撞，也有润物无声的浸润，既有压力下的灌输，也有合意中的对抗，使之在经济的建立和成熟的运行过程中，发挥着渗透和精神重塑作用，在改造和创造人类自身的同时，恰如其分地充当了两者结合的天然使者。

我国民族传统体育作为世界体育文化的一个组成部分，它既是一种植根深厚从而形成自身一贯稳定的精神特质文化，而又在历史变迁中不断改变其具体的结构样式，呈现出多姿多彩的差别。以至于在宗教形式、喜庆丰收、婚丧嫁娶以及各种节日中，民族传统体育都是不可缺少的内容，各种体育活动出现频率之高是其他文化所不能比拟的。流传至今的蒙古族的摔跤、哈萨克族的姑娘追、朝鲜族的秋千、回族的木球、傣族的跳竹竿、苗族的上刀梯、高山族的背篓球赛、羌族的推杆等无不凝结了各民族人民的智慧。这种在民族文化体系中最具有代表性的文化特质，突出地再现了民族特色、民族心理和民族意识。

近年来国家及各地方召开的各种形式的少数民族传统体育运动会，使民族传统体育如雨后春笋般得到了极大发展。每四年举办一届的全国少数民族传统体育运动会，规模一届比一届盛大，项目一届比一届丰富多彩。而大量民族传统体育项目规则的制定，则为民族传统体育的推广和交流奠定了良好的基础，使民族传统体育的发展形成规范化。少数民族在党的民族政策指引下，民族地区经济得到了飞速发展，为民族传统体育的社会化奠定了深厚的物质基础。

随着民众经济收入的增高，文体活动多以“家庭为龙头”而举办的民族传统体育活动在西部少数民族地区屡见不鲜。这一结果必将带动少数民族地区出现中国特色民族传统体育发展基本模式，使国家办与民族办、社会集体办与个人办有机结合起来，从而使民族传统体育更好地面向社会，为民众服务。就 56 个民族而言，民族传统体育是社会主义体育的重要组成部分，民族传统体育在开拓中华民族悠久的宝贵文化史与现代体育互相辉映，在人民的体育生活中构成了五彩缤纷的绚丽景观。无论是在奥运会上争取金牌，还是在继承和挖掘民族文化遗产、增进民族团结和凝聚民族向心力、增强民族忧患意识、再现伟大的爱国主义精神诸方面都将发挥重要的作用。

民族传统体育的发展趋势

民族传统体育是传统文化的重要组成部分，是人类追求与自然和谐统一的归宿和目的性产物。我国的民族传统体育是中华民族悠久历史与社会发展的必然，它源于华夏民众的生存和生活的需要，在中华传统思想文化的影响下继承沿袭，具有鲜明的民族特色和现代社会发展的时代性。

我国民族传统体育在经历几千年的承袭、发展、演变之后，将根据自己时代和民族的需求来寻求传统向现代转化的契机，进而合理地继承与吸取外来体育文化的精髓，有效地促进民族传统体育文化结构的改进与完善，创造出符合时代潮流并具有中华民族特色的现代体育文化形态。

我国少数民族所创造的绚丽多姿的体育形式，蕴含着对生命价值的追求，民族情感的强化，民族向心力的凝聚，再现了伟大的爱国主义精神的丰富内涵，使其在国家的现代化建设和全民健身活动动以及全面提高民族整体素质中发挥着积极的作用。中国民族传统体育进一步的发展，将促使各民族的单元体育文化在坚持“民族特色”基础上追求新的变异、变通与优化发展，最终与世界体育文化共同交汇、异质互补与全面繁荣，并以其鲜明的民族特色在东西方跨国文化交流中呈现出独特的魅力。

❖ 民族传统体育的发展将逐步科学化、规范化

随着社会的发展和进步，以及现代体育的广泛传播，民族传统体育改革将得到进一步深化，逐步形成和完善科学化和规范化的管理。部分民族传统体育项目将向竞技化的方向发展。在保持传统体育本身所具有的本质特征的基础上，朝着竞争性更趋公平化、公开化；技术、战术和训练手段更趋科学化、规范化；管理、制度（包括竞赛规则、规程等制约机制）更趋完善和合理的方向发展。为了顺应世界体育的发展趋势，以现代体育的发展规律为参照系，在促进我国民族传统体育走出区域、走向世界的同时，我国的民族传统体育整体水平将得到进一步提高。

❖ 民族传统体育的发展空间将更广阔

随着我国经济水平与科学技术的发展，国家对民族传统体育的投入，我国开展民族传统体育基本条件的场地设施等逐渐改善与提高，逐渐减少了外部条件的限制。在民族传统体育文化影响下经常参加体育锻炼的人们不断增长的情况下，因地、因条件制宜开展民族传统体育就成为一项较佳的途径和适宜的措施，民族传统体育的发展空间将更广阔。

相对于现代西方体育体系的竞技运动项目，民族传统体育项目

资源丰富、内容众多，适合不同运动层次的人进行体育锻炼，具有更为广泛的民众基础。作为“土生土长”的本地域体育运动形式，对场地器材设施等方面的要求相对较简单，具有简便、易行、实用等优势。如武术，既有适合儿童的基本功练习，又有适合青少年的长拳、少林拳等套路练习，还有适合中老年锻炼的静心用意、动作缓慢、绵绵不断、势势相承的太极拳。武术练习所受场地的制约条件极少，不必有专门的场地，山川平原、室内室外都可以进行练习。练习不受器械限制，可以以木代剑，以棍代枪，就地取材。武术可以单练、对练、集体练习，小到一人一户，大到成百，甚至上千，都可以就地取材、因地制宜地进行练习。

❖ 民族传统体育发展的制约因素依然存在

绝大多数民族传统体育项目是在封建社会生产状况下孕育形成传承至今的，现代人们生活方式较之过去发生了巨大的变革，尤其在工业革命以后，在经济全球一体化的趋势下，逐渐形成主流体育文化对边缘体育文化的侵蚀，当经济迅猛发展到每个地域后，相应而来的是生活方式和生存观念的改变，导致许多民族的无形文化发生急剧消亡和流变。属于边缘体育文化的民族传统体育也面临相似的困境，被西方主流体育文化的竞技体育挤到边缘地带。于是有人开始尝试着将其改造成现代性的体育运动，但事与愿违，反而造成了真正意义上的民族体育的衰微。如传统武术尝试着将其改造成现代性的体育运动的衰微就是这样开始的，作为我国民族传统体育文化遗产重要部分之一的传统武术，它遭遇濒危的原因是“人工化、商业化、建设性破坏”，虽然这也是在弘扬继承民族传统体育文化遗产的口号下出现的，但它们其实在一定程度上是对传统武术的一种建设性破坏。如果民族传统体育失去了民族文化历史的特色，失去了民族文化的内涵和基本精神，也就失去了发展的动力，成了无源之水，无根之木。

在历史发展进程中，由于民族传统体育项目和旧的封建观念、迷信活动等有着千丝万缕的联系，时至今日可以概括为糟粕与精华并存，优势与劣势共在，这种状况对民族传统体育的发展是极为不利的。所以必须加强科学研究，深入挖掘、整理与分析民族传统体育文化资源，优化民族传统体育文化，建立科学的民族传统体育项目的评估体系，对民族传统体育进行正确的评价，摈弃落后的、不科学的甚至与现代社会文明相悖的观念与活动内容。保存民族传统体育文化中具有历史价值，符合社会发展与人的发展需求相适应的，又可能在现实和未来社会中存在和发展的民族传统体育文化。积极弘扬优秀的民族传统体育项目特别是那些既体现民族特性，又融竞技性、健身性、娱乐性与艺术性于一体的项目，宏观上加强行政管理机制，摆正民族传统体育在我国体育发展中的位置，将民族传统体育作为群众体育工作的重点，加大挖掘、整理和开发各项民族传统体育项目的力度，促进民族传统体育的全面振兴，使更多的民族体育项目走出国门、走向世界。并使其逐步完善与发扬光大，形成具有中华民族特征的、科学的、完整的民族传统体育文化体系。

第三章

中国传统文化与民族传统体育

民族传统体育文化概述

民族传统体育文化同中华民族源远流长的历史文化、同中华民族的多元文化圈以及不同地区民族的经济文化类型密切相关。在这片土地上曾经出现了图腾崇拜、曾经信仰的宗教文化以及一些各具特色的民俗习惯都深深影响了中国的民族传统体育文化的发展与壮大。

❖ 中华大地是孕育民族传统体育文化的摇篮

"中华"一词出现很早，元人王元亮在《唐律疏议释文》中就说："中华者，中国也。亲被王教，自属中国，衣冠威仪，习俗孝悌，居身礼仪，故谓之中华。""中"，在此意为居四方之中；"华"，本义为光辉、文采、精，用于族名，蕴含文化发达之意。我们现在所说的"中华民族"是现今中国境内由华夏族演衍而来的汉族及55个少数民族的总称。作为一个地理概念，其内涵经历了一个渐次扩展的过程。上古时华夏族建国于黄河流域，自认为居天下之中央，故称中国，而将周边地区称为四方。秦汉以后，以汉族为主体的大一统中央政权建立，历朝版图时有损益，但基本趋势是不断扩展。清代疆域"东极三姓所属库页岛，西极新疆疏勒至于葱岭，北极外兴安岭，南极广东琼州之崖山"（《清史稿·地理志》），包括今蒙古人民共和国全境和俄罗斯的部分领土。本书所论中国民族传统体育，在地域范围上，以新中国（中华人民共和国）的疆域为界。

作为古文明发源地之一的中国，同古埃及、古希腊一样，有着灿烂的古代体育文化。在古代中国，虽无"体育"一词，却有与此相关的"养生""导引""武术"等名词。在人们的生活中，有内容丰富、覆盖面很广的各种体育手段和锻炼方法，可以说中国古代体育在很长一段时间内曾是世界上最先进的体育文化之一。原国际奥委会主席萨马兰奇在为我国体育院校教材《奥林匹克运动》所作的《序言》中就提到“早期的依据规则或按照一定传统习俗的比赛开始于像中国、印度、中东、埃及、希腊和世界上其他地区的一些较为稳定的社会”。

中国民族传统体育是由中华民族创造并传承下来的，它作为一种综合的文化现象，包含了一个民族的伦理价值、国民性格、审美情趣等，是民族文化重要的组成部分。民族传统体育的活动形式和纯朴自然的内容，既是中华民族文化的展示，又是中华民族精神的体现。正是各个民族的传统体育和现代体育一道构成了今天丰富灿烂的体育文化。

❖ 中华民族格局与民族传统体育

当今世界上绝大多数国家都由多个民族构成，但是像中国这样由占全国人口 90% 以上的汉族和 55 个少数民族组成的国家却是绝无仅有的。中华民族作为一个自觉的民族实体，对民族传统体育的影响是十分深刻的。

一般认为，汉人成为族称起于南北朝初期，其前身是华夏族团。汉族在夏商周三代从东方和西方吸收新的成果，经春秋战国的逐步融合，到秦统一了黄河和长江两大流域的平原地带。后继秦业，在多元的基础上统一成为汉族。汉族的形成是中华民族形成中的一个重要阶段，在多元一体的格局中产生了一个凝聚的核心。经过二千多年的时间向四方扩展，融合了众多其他民族的人，到目前人数已超过 11.3738 亿（据 2000 年全国人口普查统计），占中华民族总人口的 91.53%。

中国民族学历史研究表明，汉族的壮大并不是单纯靠人口的自然增长，而是靠吸收进入农业地区的非汉人。随着汉族不断吸收其他民族和一些少数民族的不断汉化，中国传统儒家、道家思想对其他少数民族体育文化也有一定的冲击与影响。汉族在融合众多民族向四方扩展的过程中，也把自己的体育文化向四方传播。

现在保存的民族传统体育运动项目中，少数民族传统体育的内容、组织形式、竞赛规则等，都有汉族传统体育文化影响的明显痕迹。

民俗民间节日活动中的民族传统体育类别

民族传统体育是从民族共同体文化中剥离与凸显出来的一种民族传统体育文化形式，是一种以观赏娱乐、休闲健康为主要目的的社会文化现象，是体育运动的重要组成部分。民族传统体育作为一种人类社会文化的补充与完善，除了具备一般文化的特征之外，还具有自己独特的内涵和民族文化特征。

民族传统体育文化活动可以丰富人们的文化生活，促进人们的身心健康，加强各民族、各地区之间的文化交往与友谊。民族传统体育的起源、形成与发展，与人们的生活方式和社会习俗有着密切联系。它的传承与发展状态也同样与民族的生产、生活、文化活动紧密相连，民族传统体育在漫长的发展、演变过程中，形成了鲜明的民族风格，被融入了民俗民间传统节庆活动中，成为民族地区民众日常活动的重要组成部分，这不仅使节日活动的体育文化内涵更加充实，而且使节日从内容到形式都更加健康、更加丰富。

在节日活动中的民族传统体育按活动性质大体上可分为竞技性、表演性和健身性三种基本活动类别。

❖ 竞技性的民族传统体育运动类别

竞技性的民族传统体育运动是一种以身体运动能力、运动技巧为竞赛内容的体育活动，竞技性的民族传统体育运动的目的是夺取优胜、获得名次，它与以欧、美为代表的西方体育文化体系具有相同的竞技特性。竞争是人类的天性和社会发展的必然，是人类在自然界生物进化与发展规律下形成的一种社会心理，是人类生存的本能。各民族的传统体育活动，有很多是以决胜负、赌输赢为目的的，这种决胜负、赌输赢是体育活动参与者技艺高低的角逐，是体育竞赛范畴中的较量，是以人的力量、速度、耐力、灵活性为基础的运动能力、心理素质、运动技能的较量，竞技性的民族传统体育运动具有极强的竞争性，非常精彩、扣人心弦，具有极强的观赏性，成

为民族大众最喜欢的体育娱乐活动形式。竞技性的民族传统体育运动大体可分为力量、速度性民族传统体育项目和技巧性民族传统体育项目两大类型。

1．力量、速度性民族传统体育竞技项目

力量、速度性民族传统体育项目主要是人的体能、力量、耐力

及速度的竞技。以力量、速度为主要竞赛内容的竞技活动早在原始社会就已存在，其历史悠久。旧石器时代的原始狩猎活动中，人类的先民已经开始了一些类似现代民族传统体育的竞技活动，其中力量、速度性运动主要以力的对抗和速度性的对抗为主，如摔跤、斗牛、角力、拔河、押加、高脚竞速、板鞋竞速等，是以个体对抗或集体对抗的传统体育竞技运动形式来进行。力量、速度性民族传统体育竞技项目强调力量和速度的有机统一，有个人项目和集体项目，如拔河、板鞋竞速、划龙舟、珍珠球等竞技是以集体对抗为主的竞赛形式，强调集体的协调和配合，突出集体运动的技巧和整体的力量以获得竞赛的胜利。

2. 技巧性民族传统体育竞技项目

技巧性民族传统体育竞技是一种以技术、心理素质为主充分发挥技能的竞技体育，它也分为个人项目和综合类项目两种形式。个人项目的技巧类传统体育竞技注重个人技艺的发挥，如荡秋千、赛马、叼羊、踢毽了、射箭、射弩、赛马等。集体性综合类传统体育竞技项目则需要同时进行数种技艺的综合训练，或需要通过几种技艺的竞技才能完成某一综合类传统竞技活动，如抢花炮、叼羊就是一个典型例子。

❖ 表演性的民族传统体育运动类别

表演性的民族传统体育是一种以运动技巧、动作难度和传统体育特色展示为主的充分发挥体育技艺的表演性体育，它也分为个人项目和集体项目两种形式。表演性的民族传统体育个人项目注重个人技艺表演的难度、美感与观赏价值，如上刀梯、高空走索、踢毽子、独竹漂、马术等。集体性表演类传统体育项目则有花样跳绳、民族体育舞蹈、舞龙、舞狮、虎舞等。

民族传统体育如拔河、赛龙舟、摔跤、赛马、弓箭、射弩等，在很多民族中开展较为普及，活动的性质与形式也大体相同，所不同的是风格略有差异。也有一些项目如叼羊、斗牛、掰手腕、扳扁担等，仅在一个或数个民族中开展。这些竞技性的民族传统体育运动除具有竞技性特征属性之外，还具有较强的观赏性、娱乐性和健身性，因而深受各民族民众的喜爱和欢迎，成为民间节日活动中的亮点。

民族传统体育运动的竞赛项目，既是力量与速度的比拼，也是技巧与审美的追求，充分展示了各民族丰富多彩的体育文化内涵。从 1953 年举办的首届全国民族传统体育运动会到 2011 年的第九届全国民族传统体育运动会，正式设置的比赛项目有：武术、珍珠球、秋千、蹴球、射弩、陀螺、押加、高脚竞速、板鞋竞速、独竹漂等民族传统体育运动项目。此外还有由各省、自治州、市推荐报项，主办单位审定的表演类民族传统体育运动项目。在 2011 年贵州举办的第九届全国民族传统体育运动会上，比赛的竞技项目达 16 项，表演项目近 150 个之多。

❖ 健身娱乐性的民族传统体育运动

根据内容和形式的不同，我国少数民族传统体育中有许多具有健身娱乐性极强的运动项目，从事这些健身娱乐性的民族传统体育运动，可以促进人的身体、心理和社会适应能力的全面发展，增进身心健康水平。健身娱乐性的民族传统体育运动有较强的趣味性、参与性和娱乐性，并且很少受场地设施条件的限制，易于开展和进行长期、系统的体育健身运动锻炼。

在民族地区，较为普遍的健身娱乐性的民族传统体育有以下几种类型。

1. 模仿动物行为的健身运动，如华佗的“五禽戏”、彝族传统体育的“虎舞”“狮舞”、民族武术的“气功”“猴拳”“虎形拳”等。

2. 中华民族古代哲学思想引导下的健身运动，如易学中的“导引”、武学中的“太极拳”“太极剑”及“太极气功”等。

3. 群众娱乐性传统体育舞蹈，如苗族的“芦笙舞”“铜鼓舞”，侗族的“反拍木鼓镜”“竹竿舞”等。

在民族地区，大力发展健身娱乐性的民族传统体育，经常组织与开展健身娱乐性的体育运动，注重体育的娱乐性、趣味性和群众性游戏相结合，对民族地区实施全民健身计划具有重要作用。对进一步增强少数民族传统体育活力，使民族地区全民健身运动接近于民族的生活，将少数民族传统体育的活动广泛、持久地开展起来意义重大。

传统节日中民族传统体育活动的特征与价值

民族传统体育文化是人类创造的，人类通过体育运动文化的方式又不断陶冶和塑造了人类自身，使人类更加适应于社会及自然的发展。不同地区、不同民族所处的社会环境不同、时期不同、条件不同，因而其所形成的体育文化方式、方法和途径也各具独特的风格、特色和价值取向，如以农耕民族文化为主的汉族传统体育，游牧民族文化和山地民族文化为主的少数民族传统体育都具有各自的特点与价值，正是这些不同类型、不同模式的体育文化所具有的特点与价值，构成了丰富多彩的中华民族传统体育文化。

❖ 传统节日中民族传统体育文化的特征

民族传统体育是民族传统文化的重要组成部分，是民族几千年社会发展和文化沉淀的历史产物。民族传统体育文化在民族生存环境中的传承与发展，受到民族的生产劳动、风情习俗、生活方式、宗教信仰、图腾崇拜以及生存竞争等外部条件因素的影响与制约，在民族自身文化背景和心理素质的影响作用下，通过各民族文化的不断交流与整合，形成了独具民族特色、风格的民族传统体育文化。民族传统体育文化的特点和价值，充分地体现在它的民族性、实用性、地域性、传承性四个基本方面。

1. 民族传统体育文化的民族性特征

传统节日中民族传统体育文化，由于其起源、传承与发展的社会环境、时期、外部条件不同，因而其所形成的体育文化方式、方法和途径也具有鲜明的民族性特点，这里所指的民族传统体育文化的民族性特点，主要是针对民族传统体育文化具有鲜明的民族个性特色和风格而言。这种民族性特征主要体现在以下三方面。

（1）民族传统体育文化的民族文化特征

民族传统体育文化是在民族文化的土壤环境滋养下所形成与发展的，因而民族传统体育文化必然保持民族的思想、观念、生存方式和风情习俗中优秀的积极因素，是民族传统文化的历史沉淀，具有深厚的民族文化内涵。各民族在民俗民间节日中的民族传统体育都具有民族自身的思想、观念、生存方式和风情习俗的民族特色，是民族悠久历史文化的体现。

中国是一个统一的多民族国家，有着五千余年的文明史，以及博大精深的文化积淀，各民族丰富多彩的传统节日和民族传统体育构成了民俗民间传统节日和民族传统体育的整体，然而在各民族形成的传统节日和在节日中开展的体育活动，又各具特色，充分表现出各民族文化的独特性。如彝族的“阿细跳月”和苗族的“芦笙会”中，表演者在旋律优美、节奏明快的音乐气氛中伴以具有民族风情的体育舞蹈，充分地体现了民族传统体育文化的美学特征与风格，充分地体现了民族传统体育文化的健身性质，充分地体现了民族体育文化的社会和谐价值。再如，蒙古族的“那达慕大会”、哈萨克族的“弹唱会”、侗族的“赶勒盛会”，从风格到内容都具有各民族的文化、观念的地域性特色与风格，这些民族传统体育文化充分反映了不同民族文化（农耕民族文化、游牧民族文化及山地民族文化等）的思想、观念、生存方式和风情习俗，是民族在长期的社会历史发展、生产劳动的文化沉淀，是民族经历长期的社会生存竞争所形成的特色文化。

就民族传统体育文化本身而言，即便是同一内容项目，在不同地区的不同民族中，其活动形式也各有差异，有的甚至相去甚远。如舞狮的技艺、狮头特点就因“北狮”和“南狮”而呈现出不同舞

技和特色。如舞龙的过程，各民族都具有不同的特点，侗族舞龙头、瑶族舞人龙、景颇族舞蛇龙、阿昌族耍象龙，而土家族却舞草把龙、板凳龙。这是因为民族的生活环境、思想观念、生存方式和风情习俗、民族气质不同而各具异质性。

（2）民族传统体育文化的多元一体特征

传统节日中的民族传统体育具有中华民族多元一体特征，这一特征的形成与我国是由多民族组合形成的统一国家有着极为密切的关系，高度统一的华夏民族是多民族文化的摇篮。中华民族作为一个统一的民族实体，是近代中国在封建制度变革和与西方列强对抗中，与几千年的历史融合形成的多民族国家。从历史的社会学角度分析，夏、商时期中原黄河流域的东族，东部淮河流域的东夷，南方长江流域的三苗，西北黄河一带的羌族以及西部横断山脉的藏、彝、苗族等，都在历史发展中逐渐形成了本民族文化的基本体系。及至春秋时期，由于黄河流域的商周各族与其他各族间的相互影响与同化，从而形成了我国的华夏民族。

至秦代，更从政体上达到了全国的统一，匈奴、乌孙、东胡、肃慎、扶余等在汉代以后，也逐渐统一于汉。此后经魏晋南北朝、隋唐、宋、元、明、清，各民族之间的文化交流融合与同化，形成了今日包括汉民族在内的56个民族的统一国家。

中华民族的多元一体特征，在传统节日的民族传统体育文化里能充分地体现。在中华文化传统中，龙是吉祥的象征。人们把中华文化称为“龙的文化”，把中华民族称为“龙的传人”。从冰天雪地的北国，到丛林密布、沟壑纵横的西南边陲；从广阔无垠的北部草原到鱼米之乡的江南水乡，甚至连旅居海外的华人在欢庆节日时，都表现出具有中华民族文化的共性特征，这种多元一体的民族文化

特征，为民族传统体育文化提供了深厚的民族文化内涵。

（3）民族文化特征是评价民族传统体育文化特点的重要标准

民族文化特征是区分民族传统体育文化的重要方面，民俗民间节日中的民族传统体育是传统文化的重要组成部分。每个民族都会形成自己特有的文化体系，文化体系的基本特征会毫无例外地体现在民族传统的体育文化结构中，引导他们的观念思维和运动行为，这些具有民族特色的文化，还会以各种方式对民族传统体育文化的传承与发展产生极其深远的影响，从而形成各民族特点、风格的传统体育文化。于是民族文化特征代表了民族传统体育文化的重要方面，成为评价民族传统体育特点的重要标准。

民俗民间节日中的民族传统体育是民族文化的重要组成部分，这一体育文化与民族有着不可分离性。民族传统体育是民族生存历史的产物，人类在社会生产实践中创造了体育文化的同时，也创造了民族。一个民族及其文化在发展中必然也要形成独特的民族传统体育文化，这种体育文化世代影响着该民族群体及其每个成员，而一个民族群体又凭借这种文化传统紧紧凝聚在一起。因此，民族传统体育一方面表现为本民族全体成员所共有，另一方面又与其他民族相区别。由此可以说,民族传统体育都是属于一个或某一些民族的，而非各民族的，民族是民族传统体育的载体。民族传统体育与民族特征是不可分割的。不同的民族创造了不同特点、不同传统的体育文化，不同特点、不同传统的体育文化又塑造了不同的民族特征。

2. 民族传统体育文化的地域性特征

生活的自然环境历来是一个民族赖以生存和发展的物质基础，在人类社会早期，各民族生存和发展的方式在很大程度上受到生活的自然环境影响，在与自然界的生存斗争中，形成了不同的文化特

色。由于各个民族所处的地理环境以及由地理环境而带来的自然条件的不同，各民族都形成了独具地域性特色的民族文化和民族传统体育活动，使不同地域的民族各自有其不同的体育文化内涵与地域性特点。

地理环境的差异对民族传统体育活动的内容、形式产生很大的影响，在中国的东北地区，居住着满、蒙古、赫哲、鄂温克、鄂伦春、朝鲜、锡伯、达斡尔等民族。生息与繁衍在这块土地上的各族人民，充分利用自然界赐予的生存环境条件，逐渐形成了具有自己典型特色的民族传统体育活动。如蒙古族的摔跤、射箭、赛马、赛骆驼、打布鲁，朝鲜族的秋千、跳板，达斡尔族的波依阔、颈力，鄂温克族的滑雪，鄂伦春族的射击、皮爬犁等。

地处我国西部的以高原、戈壁、沙漠为地貌特征的新疆、青海、甘肃、西藏等地区，蒙、维吾尔、藏、回、哈萨克等族人民创造了游牧民族传统的体育文化。在美丽的内蒙古草原上，蒙古族人民也形成了他们彪悍勇猛、开朗豪放、独具特色的民族传统体育文化。从呼伦贝尔、锡林郭勒等草原到塔克拉玛干沙漠，从喜马拉雅山、天山到阿尔泰山脉，为西部民族地区传统体育文化的传承与发展，带来了具有山地游牧民族特色的体育文化。各民族传统体育文化与他们生存的地理环境有关，如蒙古族的赛马、套马、跳马、马术、跳驼和赛骆驼，藏族的登山、赛牦牛、赛马射箭，维吾尔族的赛马、叼羊、骑射，柯尔克孜族的赛走马、姑娘追、跑马拾银、骑马摔跤和骑马拔河等。

黄河、长江两岸的各族人民，水成为他们赖以生存的基础和源泉，因而这些地区的各民族所进行的体育活动，也以水上运动见长，如龙舟竞渡、游泳、跳水，还有瑶族和土家族的“独木滑水，潜水游戏”，广西沿海京族的“驳脚”，黄河岸畔东乡族的赛羊皮筏，侗族的“潜水捉鱼”和“多达能”（踢水比赛）“闹鱼”等。

在西南地区，山川纵横，既有高原地形，又有幽深的峡谷，还有咆哮奔腾的河流。在这些地区居住的苗、彝、藏、羌、土家、壮、布依、侗、瑶、纳西、景颇等民族，由于依山傍水而居，以狩猎、捕鱼为主要谋生手段，长年出没于崇山峻岭、大江大河之间，养成了豪迈奔放的性格，勇猛顽强、不屈不挠，在他们开展的各项体育活动中，有许多项目直接或间接来源于这里特殊的地理环境，如苗族的爬坡杆，瑶、黎、彝、苗、傣、土家等族的躬弩、玩山、打飞棒，怒族的跳竹、滑草，哈尼族的打磨秋、爬树追逐游戏，黎族的跳竹竿、穿藤圈、打狗归坡，怒族和独龙族的溜索等都充分地体现了具有浓郁的地域性文化特色。

3. 民族传统体育文化的传承性特征

民俗民间节日活动中的各种民族传统体育是人类社会行为的历史沉淀，是中华民族宝贵的文化遗产，它是在漫长的历史长河中自然形成的，其活动源远流长，除有鲜明的民族性、地域性之外，还具有鲜明的传承性。

传承性是民族传统体育最鲜明的特征之一。民族传统体育的形成和发展，离不开社会历史的发展，民族传统体育的形成、传承和发展，主要就是得益于传统的力量。任何文化一旦形成，就会具有自身的活动规律和惯性，并在历史的发展过程中体现出顽强的传承性。正是这种传承性，使得各民族传统体育活动自古相传，代代沿袭。如春秋战国以前我国不少地区已盛行的舞龙活动，春秋时代开始流行于民间的秋千活动和原始社会开始的射箭活动等，至今依然流行。

民族传统体育文化之所以能在民俗民间节日中传承与发展，是因为两者有着许多互补与互动发展关系，在民俗民间节日和传统体育文化中都有着许多优美动人的传说，这些传说有些是赞美某个英雄的，或是伸张正义扬善除恶，追求爱情赞美揭丑，追求吉祥祭神斗恶等，都对民俗民间节日和民族传统体育文化的传承与发展，起到强大的促进与保护作用。

龙舟竞渡源发于古代吴越民众祭龙图腾的活动，古代吴越民族奉“龙”为始祖兼保护神，以“龙”作为共同的信仰与图腾崇拜。为了表示自己是龙的后代，以龙为图腾的吴越人在自己的身体上和日常用具上，文着“龙”的图腾借以强化自己与龙之间的联系，一

年一度举行盛大的以龙为图腾的祭祖活动，并祈求龙的庇护保佑。再如，苗族在一年一度的“赶坡会”举行的爬坡杆活动，其目的是纪念苗族英雄孟子佑而举行的。这些故事对人们起着潜移默化的文化教育作用，使传统体育文化活动深深扎根于大众的思想意识之中，世代相传，成为该民族文化娱乐活动中不可缺少的内容之一。

4. 民族传统体育文化的实用性特征

民俗民间节日中的民族传统体育项目众多，丰富多彩，但各民族传统体育都具有其独特的文化背景，表现为农耕民族文化、游牧民族文化和山地民族文化的不同风格与异质。民俗民间节日中的民族传统体育项目与人们的生产、生活发生着密切联系，是一种属于实用主义范畴的文化现象。民族传统体育在不断发展过程中依然保持着古老的遗风，并融入现代生活的多元因素，用今天的眼光来考察，也许其中不少东西缺乏科学性，甚至带有愚昧性质，但在民间，却被赋予了实用价值。这种实用价值的意义在于民族传统体育文化的

武

本质，都是为促进人的健康发展、增强体质、提高民族综合素质和社会生存能力价值取向下的体育文化现象。

民俗民间节日中民族传统体育文化的实用性，主要体现在以下几方面。

（1）民俗民间节日中民族传统体育文化的主要价值是健身，民族传统体育活动中，参与者在承受一定生理负荷的运动过程中，能有效地促进身体素质、运动能力及体育知识、运动技能的发展，从而达到增强体质的目的。各民族民俗民间节日中所开展的传统体育项目如赛龙舟、摔跤、斗牛、赛马、登高、抢花炮、秋千、东巴跳、叼羊、姑娘追、跳竹竿、踢毽子、跳火绳、背篓球、赛牦牛、舞花棍、跳秧歌、拔腰、波依阔等，都充分地表现出民族传统体育活动的实用性作用。

（2）在民俗民间节日中民族传统体育活动具有激烈的竞技性、健身性、娱乐性、艺术性特点，因而具有极强的自娱和社会娱乐功能。各民族在节日庆典开展的各种传统体育活动，可激发人的运动意识，使人精神饱满、情绪愉快，尽情地展现自己的体能、技能，满足社会交往的心理需求，丰富社会文化生活，这种娱乐功能构成了民族传统体育与民族社会经济得以互动发展的基本动力。

（3）在民俗民间节日中，民族传统体育活动最接近民众的生活，对培养人良好的生活习惯，健康的生活方式，建立正确的审美观念，培养热爱民族的精神，缔造和谐社会具有极为重要的促进作用。如在海外的华侨，每当忆起家乡进行的各种体育活动时，其思乡与热爱民族之情便会油然而生。此外民族传统体育活动对陶冶民族大众的情操，培养和激发体育动机和兴趣，美化人们生活具有极为重要的作用。

❖ 我国传统文化宝库中民族传统体育文化价值

我国是一个统一的多民族国家，在中华民族传统文化宝库中都蕴藏着丰富多彩、具有深厚文化积淀的民俗民间节日和民族传统体育文化。这些民俗民间节日和体育活动项目随着社会各民族的生产、生活实践不断地被挖掘、开发与利用，发挥其所特有价值和功能，在不断发展的过程中满足着各族人民的社会经济发展、旅游业的开发利用及民众生活的各种需求。

民族传统体育深厚的文化底蕴、广泛的价值层面、丰富多彩的内容形式，对提高民族人口的综合素质，提高民众身体的健康水平、心理素质层次和社会适应能力，发展人际关系，提高竞争意识、改善生活质量、振奋民族精神、体现人生价值、密切民族关系、加强民族团结、促进民族社会和谐发展等方面都具有极为重要的促进作用与功能。

1. 民族传统体育是培养人生价值观的有效途径

通过民俗民间节日中的民间体育活动可以促进人的生长发育和健康发展，使体魄变得强健，为人生观、价值观的形成奠定了良好的载体基础。在人的成长过程中，人的性格、体质、能力、人生观、价值观、道德观等皆处于待发展阶段，可塑性强。而民族传统体育活动具有寓教于乐、沟通人际交往的特点，是特有的一种社会场景，对人生观、价值观的形成发挥着直接的作用。由此可见，民俗民间节日中的民族传统体育在人的成长过程中，对身心两方面均产生着深刻的影响，这是其他文化活动所难以替代的。

民族传统体育对人生价值观的培养，主要体现在培养参与意识、表现意识、抗争能力和真、善、美等方面。

（1）民族传统体育活动为人生价值观的形成奠定了坚实的基础

在培养参与意识方面，人们认识到只有融入社会才具备人生的价值。民族传统体育内容丰富，形式多样，有深刻的寓意和趣味，富有挑战的魅力，对不同动机、不同能力、不同年龄的人群都具适应性，他们可以参与其中，或体验、或娱乐、或观赏、或竞技，总之都能找到适宜自己的角色定位而受益。可见民族传统体育以其巨大的文化感召力，将千千万万的人吸引到体育行列中，使他们贴近生活、深入生活、体验生活，从而为人生价值观的形成奠定了坚实的基础。

（2）民族传统体育活动为培养表现意识及抗争能力提供发展的平台

培养表现意识及抗争能力是现代人价值观的重要因素，人的发展中突出的进步，在于表现自己在竞争中的价值。民族传统体育文化的发展过程，在一定程度上体现了民族自身表现意识、创新意识、竞争意识的持续发展和社会实践的过程。民族传统体育活动的内容十分丰富，有些侧重于表现，如爬油竿、爬花竿、溜索、舞龙、舞狮、打花棍、摇旱船、秋千和武术等，能体现运动的美学欣赏价值和人的个性，民族传统体育文化中一些寓意创新的内容，如踢毽子、波依阔、珍珠球、抢花炮、跳竹竿、叼羊、姑娘追等，能启发民族自身的聪明才智与能力，显现民族的自信和强悍。有些侧重于力量、速度素质而又具有对抗性的如龙舟竞渡、赛马、押加、射箭、劲力拔河、摔跤、角斗等运动，则能激发参与者竞争的热情，去追求更快、更高、更强的运动目的。民俗民间节日中各族人民通过对民族传统体育的参与和实践，不仅有效改善了各民族大众身体素质，更具有一种树立起勇敢、自信的人生态度，以及敢于接受挑战，勇于竞争的精神风貌。

（3）民族传统体育为培养人的高尚情操创建浓郁的体育文化氛围

在培养人真、善、美的高尚情操与价值观方面，民族传统体育活动创建了浓郁的体育文化氛围。当民俗民间节日中的民族传统体育文化潜移默化地根植于民族大众的社会意识中，在促进与塑造民族性格、气质、能力的过程中，必然对民族价值观的形成产生极大的影响。在勇于拼搏的体育运动竞争中感受个人与集体、成功与失败，培养自身坦荡磊落及胜不骄、败不馁的良好道德品格。民族传统体育活动提倡以推动社会发展为前提条件下的公平竞技，拒绝一切矫揉造作的媚态，以勃勃生机的阳光体育塑造民族健康的体魄和真、善、美的人生价值观。

2. 民族传统体育是构建和谐社会、加强民族团结的促进因素

民俗民间节日中的民族传统体育对构建和谐社会，密切民族关系、加强民族团结具有重要的作用。一个国家的民族和睦与否，对国家的安定和建设、和谐社会的构建关系重大。各民族民俗民间节日中的民族传统体育活动，对构建和谐社会、加强各民族内部及民族与民族之间的团结与进步有着密切的关系。

民俗民间节日活动中民族传统体育的内容和形式与民族团结关系非常密切，在我国的春节、元宵节、清明节、端午节、重阳节中，呈现出各民族传统体育活动一派兴旺的景象，如春节舞龙舞狮、元宵观灯、端午竞渡、重阳登高等节日活动。在我国各民族不同的民俗民间节日中，其民族传统体育活动也呈现出各民族传统体育独特的文化性，如赛马、射箭、爬油杆等；蒙古族、壮族、水族、维吾尔族、苗族、裕固族、保安族、鄂温克族、布依族、塔吉克族等都具有本民族独有的传统体育文化，这就为民族之间产生民族体育文化的共性，提供了互相交流、相互切磋的机遇，直接密切了民族内部、

民族与民族之间的关系，增进了民族内部与各民族之间的团结进步。

从民俗民间节日活动中的民族传统体育活动功能分析，民俗民间节日活动中民族传统体育是密切民族关系、加强民族团结的凝聚剂。通过民族传统体育的凝聚作用，可以使不同语言、不同文化的民族，在特定的活动或特定的竞赛中聚合到一起，从而促进社会的和谐。民族传统体育文化所具备的这种文化聚合功能，也是其他文化领域很少或很难具备的。民族传统体育文化的聚合、凝结主要产生于体育文化的精神层面，由此而产生的凝结是最深层的，也是比较稳定的。在民族传统体育文化的凝聚作用下，我国各民族能在思想认识、价值取向上达到一致的基础上，实现行动步调上的一致，实现民族内部、民族与民族之间的团结，从而促进我国社会与人的和谐发展。

3. 民族传统体育文化是培养人的社会适应能力的有效途径

各民族在长期的社会生活、生产劳动过程中所创造的民俗民间节日及民族传统体育文化，构成了民众生活的文化背景，对影响人的发展、塑造人的自身，不断地发挥着教育和培养的作用。民族传

统体育作为教育的一个组成部分，在培养人、教育人方面所具有的价值和作用决定了其培养社会所需要人才与教育的价值，民族传统体育在人的社会综合能力的培养方面有着其他社会文化无法替代的优势，在各民族人民大众的成长与发展过程中起着十分重要的作用。

（1）培养民众社会适应能力

人是有着丰富的情感和复杂的心理素质的高级动物，在社会中扮演着各种各样的社会角色。因此人在社会中生存就必须适应社会环境。民俗民间节日中的民族传统体育活动是提高人的社会适应能力最好的途径之一。现代社会科学的高速发展要求人必须适应社会，能达到与时俱进的最佳状态。民族传统体育活动是一个开放的动态系统，这一动态系统的最大表现是不断追求最佳效应的有序途径，民族传统体育活动的参与者根据自己所追求的目标来选择其体育活动方式，为使所追求的目标能尽快实现，必然要不断地改造和完善其体育活动方式，以提高自己的社会适应能力。

（2）增强人与人之间接触和交往

人类的社会适应主要就是对人际关系的适应，在培养人际交往的能力方面，丰富多彩的民族传统体育活动能增加人与人之间接触和交往的机会。民族传统体育活动搭建了人与人交往的平台，通过与他人的交往，可提高自己的社会适应能力。如民族传统体育运动的集体项目：划龙舟、跳花盆、八人秋千、舞龙、打篾球、拔河、跳竹竿、抛公鸡等，需要众人通过集体运动方式的默契配合与顽强拼搏取胜，因此在训练和竞赛中，这种合作方式容易促进人与人之间的情感与行为交流，加深友谊，促进人与人之间的交往。

（3）培养人的社会竞争意识和能力

民族传统体育文化在培养人的社会竞争意识和能力方面具有较

(嫑)
Biáo

好的教育作用，竞争是推动社会发展的巨大动力。竞争体制越完善，竞争意识与行为越普遍，社会发展速度越快。通过民族传统体育活动，能培养人的竞争意识。培养人适应社会竞争的环境是民族传统体育活动的重要过程。

（4）保持人的心理与社会的平衡

积极参与体育活动的内心情感与人的社会心理稳定性有着直接联系，通常情况下人的心理与社会是保持着平衡的状态，即人对社会的心理适应。由于民族传统体育具有一般体育活动的社会价值功能及自身所特有的文化感召力和认同感，故它能起到调节心理、培养社会情感的作用。民族传统体育活动的心理调节和社会情感培养，主要是通过人们亲自参加或观赏具体的体育运动过程而得以实现。

民众通过参加民俗民间节日中的民族传统体育活动，可获得非常好的感受与体验，满足生活中的需要，消除因工作和劳动所带来的神经紧张、脑力疲劳及紊乱的情绪，特别是观赏民族传统体育表演或比赛，那种“难、新、美、高”的运动技艺和“健、力、美”和谐统一的表演，给人一种美的享受，它能陶冶人的情操，满足人的精神需要，唤起人们对社会的情感而达到调整心理平衡的效果。

4. 民俗民间节日中的民族传统体育是培养民族精神的重要内容

民俗民间节日中的体育活动如赛马、叼羊、跳火绳、斗牛、划龙舟等，在其过程中紧张激烈的场面扣人心弦，人们随着竞技场面的变化而进行着竞技与观赏的情感交流，运动过程的惊险性、比赛的对抗性、战术配合的准确性、稍纵即逝的随机性、时间速度的节奏性、音响幽绵的艺术性，使人们欣赏到一种精彩超群的人体技艺活动，极大地满足了精神需要。除精神上的享受之外，民族传统体育也带来实现人生价值的启示，使人感受到生命总在运动中发展。

民族传统体育发挥着包括一些民族艺术形式难以产生的艺术效果和魅力，它既是一种人类高级文化活动，也是一个人类高级情感抒发的平台。在民族传统体育运动中，不仅个人的情感得到宣泄和发展，也使社会得以和谐和稳定。

民族精神是民族文化的主体，民族精神的载体是民族文化，但它不是一般抽象的文化形式，而是从各种文化形式，特别是从民族的文化思想、民族传统、价值观念、思维方式中升华出来的思想体系，是民族文化中最本质、最核心的本质观念。中华民族历来提倡自力更生、自强不息，充分体现了国家兴亡、匹夫有责的不畏强暴、英勇不屈的精神；体现了团结互助、集体荣誉的精神；体现了勤俭朴素、艰苦创业的精神。传统体育培养民族精神，主要体现在集体荣誉感和自强不息两大支柱上。

集体荣誉感是中华民族精神的重要组成部分，我国许多民族传统体育竞技与体育娱乐活动具有培养集体荣誉感的作用。如舞龙、舞狮、龙舟竞渡、斗牛、拔河、赛马等活动，参赛者除了有强烈的个人竞争心理外还都伴有集体荣誉感，活动中集体成员相互配合和协作是竞赛成败的关键。这种将个人与集体融为一体的传统体育活动，对培养民族精神起到了积极的作用。自强不息是中华民族精神的重要组成部分，这一精神对民族性格的形成起了决定性的作用。

❖ 民俗民间传统节日与民族传统体育文化的互动发展

内容丰富、形式多样、文化内涵深厚的民俗民间传统节日与民族传统体育文化经历了由共融到互动发展的社会变迁过程，在民族历史文化的演进中逐渐形成，它反映出我国各民族人民独特的文化内涵及不同民族社会历史文化发展的轨迹，是社会发展的必然结果。民族传统节日是连接民族传统体育的重要形式，它深刻地影响着民族传统体育文化的发展。随着社会的进步，科学的发展，民俗民间传统节日的内容不断更新。随着民族传统体育文化的进一步挖掘、保护与开发，如何充分利用民族传统体育文化与民俗民间传统节日

形成互动发展，为促进我国各民族地区的资源开发和经济繁荣，加强社会主义新农村的两个文明建设，构建和谐社会创造有利的条件，以实现我国各民族地区传统体育文化的跨越式发展，已成为我们研究的重要课题。

1. 民俗民间传统节日为民族传统体育文化提供良好的展现平台

民俗民间传统节日活动与民族传统体育文化在长期的社会历史文化演进中，经历了由共融到互动发展的漫长过程，两者的互相融合极大地推动了民族民间传统节日与民族传统体育文化的发展。体育是一种最容易沟通人的思想、最容易被大众接受和喜爱以及促进相互认同的社会文化形式，而独具民族特色的传统体育则随着物质生活质量的不断提高、余暇时间的增多和消费观念的改变，以及人们渴望回归自然去领略大自然的无限风光和原始古朴的民族风情及趣味纯真的民族体育而展现它的蓬勃生机。现代民俗民间传统节日文化内涵的不断丰富，层次逐渐提高的背景条件下，对节日中的民族传统体育文化活动提出了更高的要求，从而使民族传统体育文化活动的内容更加丰富多彩，充分显示出民族文化特色。

在民俗民间传统节日举行的许多民族传统体育比赛过程中，同时还进行盛大的经济贸易活动。如贵州彝族民间的“火把节”，是彝族人民进行体育活动和节日庆典的民族传统盛会，精彩激烈的摔跤、跳火绳比赛与民间歌舞引来了四方宾客，同时举办的各种经济贸易活动更是热闹非凡，欢乐的体育文化氛围为民族地区经济贸易活动的开展提供了有利的条件。这种以民族传统体育为桥梁，“体育搭台，经济唱戏”，招商引资、经贸洽谈活动的广泛开展，不仅极大地丰富了各民族人民的文化生活，还促进了各民族地区的经济贸易，充分发挥了民族传统体育的社会政治、经济功能效应，使民族传统体育从不同角度、不同侧面、全方位满足传统节日中对传统体育的内在需要。民族传统节日对民族传统体育的这种需求，实际上是为民族传统体育提供了展现的平台，使民族传统体育活动通过民族传统节日内容的不断更新从而实现互动式发展。

2. 民族传统体育文化丰富了民族传统节日的内容

中华民族五千年文明史中，各族人民形成了丰富多彩的民俗民间传统节日和具有民族传统文化风情特色的民族传统体育文化。民族传统体育形式多种多样、内容丰富多彩，在民族地区能够广泛开展，促进了传统节日其他活动的发展，而传统节日活动又为民族传统体育的发展提供了广阔的平台，民族传统体育的发展同时也影响着节日的体育活动。如被誉为洱海边上的广交会的“三月街”这个欢乐的民族传统盛会里，威武的霸王鞭和精彩的赛马、斗牛以及具有地域风情的民族体育舞蹈表演交相辉映，深深地吸引了全国各地的宾客和世界各国朋友，这些形式多种多样、内容丰富多彩的民族民间

传统体育，极大地丰富了民族传统的节日内容。

3. 对民俗民间传统节日与民族传统体育文化互动发展的思考

在现代文明社会，体育是国家繁荣昌盛的象征，民族传统体育是国家强盛的重要标志。随着社会的进步、科学的发展，民族传统节日的内容不断更新以及民族传统体育的进一步普及提高，如何充分利用民族传统节日与民族传统体育的互动发展，为促进民族地区的资源开发及社会主义新农村的两个文明建设，为和谐社会创造有利的条件，已成为值得我们探讨的重要课题。

（1）以科学理论为指导，统一思想，提高认识，以实现人的可持续发展为目的

实现民族传统节日与民族传统体育的互动发展，首先要站在全局发展的高度，用科学的理论对民族传统节日与民族传统体育进行挖掘、整理、更新和转化，统一思想，提高认识，明确民族传统节日与民族传统体育的互动发展关系。在社会市场经济体制下注重对两者的生存与发展进行客观辩证分析，把握两者的互融性和结合点，树立正确的互动发展观念，在正确统一的思想驱动和社会经济文化

发展的大背景下，采取有效措施最大限度地实现两者的互融、互动和互促，使民族传统节日与民族传统体育向科学化、高效化方向发展。

无论是民族传统节日活动还是民族传统体育，最终的目的都是直接或间接地实现人的可持续发展服务。民族传统节日活动具有加强民族团结、促进身心健康、繁荣经济、宣传民族文化、迎合民俗民风等多种功能。加强民族团结主要是通过民族传统节日活动来增强民族的凝聚力和战斗力，形成统一的民族爱国战线；而促进身心健康主要是在传统节日中，通过参与丰富多彩的民族传统体育文化活动，达到增强体质、愉悦身心、陶冶情操的目的。实现经济繁荣的最终目的是改善和提高人民的生活水平；宣传民族文化主要是提高人们的民族文化素质，继承和弘扬中国优秀的民族传统文化。由此可见，利用民族传统节日与民族传统体育的互动发展，对促进民族地区的资源开发及社会主义新农村的两个文明建设，构建和谐社会有着重要的现实意义。

（2）以政策导向、开发社会效益为出发点形成民族传统体育产业组织结构

民族传统节日与民族传统体育的互动发展，政策的支持力度起决定性的作用。为此，作为政府职能部门应在政策上给予倾斜和大力支持，采取加大对民族地区文化、体育经费的投入，实行国家、企业、集体、个人等多种渠道集资，减免民族传统节日中某些活动的相应税收等措施，实际地解决经费问题来激活民族传统节日活动，大力扶持民族体育事业，为民族体育文化的发展创造有利的条件。政府应协调有关部门对节日活动的组织宣传、场地设施、节日用品提供充分的保障，并发动各部门、各单位、各团体及广大群众积极参与；体育部门的主要职责是对民族传统节日与民族传统体育项目的开发

与利用进行总体规划，并对其开发的项目进行安全检查，以保证节日活动的有序进行与规范的执行。要抓住传统节日中体育活动的机遇，建立、健全基层的体育机构，完善管理体制，培养一批具有对民族体育进行实际操作的专业人才，通过节日体育活动把民族传统体育文化活动推向高潮，努力实现民族传统体育的跨越式发展。

要实现民族传统体育文化与民族地区产业经济的互动发展，必须建构科学的管理机构，形成规模宏大的民族传统体育产业经济，建立市场经济体制下的公平竞争制度，在市场机制作用下合理地配置资源，充分利用民族体育文化资源优势开展民族传统体育活动，如将新疆的“达瓦孜”、傈僳族的“上刀山”“下火海”、蒙古族的“赛马”“摔跤”、满族的“珍珠球”、侗族的“抢花炮”以及深受各族人民喜爱的“武术”等民族传统体育文化表演活动形成民族体育产业经济，可以创造更高的商业价值，从而推动民族地区社会经济的发展。

（3）培养民族传统体育管理专业人才，促进民族传统节日与民族传统体育的互动发展

培养民族传统体育管理专业人才，促进民族传统节日与民族传统体育的互动发展，就必须提高民族传统节日活动的科学管理程度，突出民族传统体育文化特色，增加运动项目的对抗性、技巧性、惊险性和观赏性来吸引更多的人关注与欣赏民族传统体育文化，体验民族传统体育原始古朴、趣味纯真民间风情的文化。为此，要重视民族传统体育管理专业人才及民族传统体育表演专业人才的培养，从少数民族中选派出优秀人才，提高民族传统体育产业管理水平层次与加强表演技能的训练，使这些优秀人才具有极强的民族传统体育文化活动的组织管理能力，也具有高超的民族传统体育文化表演技能，从而促进民族传统节日与民族传统体育的互动发展。

在人类诸多的社会现象中，体育文化是一种最容易沟通人的思想、最容易被大众接受和喜爱以及最容易促进相互认同的社会文化形式，在现代文明社会，体育是国家繁荣昌盛的象征，民族体育是国家民族强盛的重要标志。民族传统体育与民族传统节日的互动发展，是社会发展的必然存在，它深刻地影响着民族传统体育的发展。

第四章

竞技表演性民族传统体育

武术

❖ 武术概述

武术源于古代民间自然搏击与打斗方法的演变，古代时期由于人类社会生存区域的争夺与战争，逐渐形成了各种搏击方法与武技，如徒手搏击（拳术）和器械搏击（刀、枪、剑、戟等兵器技击术）。武术是中华民族传统体育的经典运动项目，通常是指徒手搏击和使用兵器按照一定技击规律与动作结构所组成的各种攻防格斗动作、套路和武技练习等进行械斗的技术，其内容包括踢、摔、打、拿、跌、击、劈、刺等攻击性动作和闪、展、腾、挪等防守性动作。武术在我国具有极其广泛的群众性基础，是中华民族在长期社会实践中不断积累和丰富起来的宝贵文化遗产。

武术的文化性质既体现了中华民族对技击之道的理解与观念，又体现了民众强身、健体、育心的目的性，在一定层面上彰显了民众对武术练习的多种价值追求，并从中折射出中华民族的发展历程及其道德品质。

武术作为一个名词概念，最早始见于南宋朝的《皇太子释奠会作》“偃闭武术，阐扬文令”，但其中的武术主要是针对军事而言。作为一个属于体育文化范畴、并包含多种价值功能的技艺名词概念，武术一词始于晚清。1908年7月的《东方杂志》第6期上引载了《神州日报》的一篇文章，其名曰“论今日国民宜崇旧有之武术”。在相当长的历史时期内，被后人称为武术的人体运动方式，史料中记为“技击”或通称“武艺”，有时又写成“技勇”等。

武术是以技击动作为主要内容，以套路和格斗为运动形式，注重内外兼修的中国传统体育项目。武术的概念是人们认识武术的一个重要逻辑起点，在充分理解、把握武术概念的基础上，才能加深对武术运动理论与实践的学习、掌握与应用，才能更加深入地对武术运动理论与实践进行研究和探索。

武术是中华民族文化的重要组成部分之一，是我国民族传统体育文化的典型代表，它的文化属性随着社会历史的变迁而发展，在古代，社会军事武艺是古代武术形成、发展的一个重要文化源泉。随着社会的发展，人们逐渐认识到武术的价值取向具备多元的影响因素，武术的价值取向和结构内涵丰富，除了军事武艺的技击属性外，还具有强身健体、修身养性及娱乐等文化价值和功能。在武术科学的结构体系中武术对武艺的吸取，必然要经过与民族文化的融合与筛选，在武术的传承与发展过程中受到军事武艺、文艺舞蹈、戏剧艺术、杂技娱乐及导引健身等多种文化形式的影响。中华民族的传统武术是在军事武艺、文艺舞蹈、戏剧艺术、杂技娱乐及导引健身等多元因素的促进与制约条件下，在与外来文化的融合过程中逐渐形成、发展和完善的。

武术运动项目的组成有两部分，一是套路，即各种拳术的套路，别看没有什么技击作用，但这是武术的基本组成部分，套路可以锻炼身体的柔韧性、灵活性、协调性、平衡、力量、耐力等;二是攻防，你打我防，我打你防，只要哪一方防不住，哪一方就输了。从攻防再延伸出来，就可以去思考、模拟。虚拟一个对手，对你进行各种攻击，你怎样去防守和反击，把这些防守和反击动作组合起来，加以一定的动作技术原理，配合身体的灵活性、柔韧性和力量，充分发挥动作的速度、力度达到运动的目的。

武术内容丰富、形式多样、风格独特，按其功能可分为竞技武术、

健身武术、学校武术、实用武术；按其运动形式可分为套路运动和搏斗运动。套路运动，是以技击动作为素材，以攻守进退、动静疾徐、刚柔虚实等矛盾运动的变化规律编成的整套练习形式。套路运动按练习形式又可分为单练、对练和集体演练三种类型。单练包括徒手的拳术和器械；对练包括徒手的对练、器械对练、徒手与器械的对练；集体演练又分徒手的拳术、器械或徒手与器械。搏斗运动，是两人在一定的条件下，按照一定的规则进行斗智较力、较技的实战练习形式，主要有散手、推手和短兵等。散手是两人按照一定的规则，使用踢、打、摔、拿等方法制胜对方的竞技项目；推手是两人遵照一定的规则，使用捋、挤、按、拐、肘、靠等手法，双方黏连寻找借劲发力将对方推倒，以此来决定胜负的体育项目；短兵是在刀、剑等技法的基础上发展起来的一项对抗性的武术竞赛，原是以单手使用为主的短兵器的总称，比赛是双方手持一种用藤、皮、棉制作的短棒似的器械，用刺、劈、崩、点、截、抹、拦、架等方法，按照一定的规则互相攻防，以击中对方身体（裆部除外）、击落对方器械或击倒对方来决定胜负的竞技项目。

❖ 武术套路

武术套路的基本技法是指演练过程中技术动作的要求和规律性的运动方法。武术在技法上表现得丰富多彩，主要有踢、打、摔、拿、击、刺等。由于武术运动内容丰富、表演形式多样、流派众多，因此，各种套路具有不同风格的技术要求和技击方法，从而形成了武术技术体系。

1. 拳术

拳术是徒手练习的套路运动。主要拳种有长拳、太极拳、南拳、形意、八卦、八极、通背、劈挂、翻子、地躺、象形拳等。如长拳要求动作舒展大方、快速有力、节奏鲜明，并多起伏转，在技术方法上表现为手要快捷、眼要明锐、身要灵活、步要稳固、精要充沛、气要下沉、力要顺达、功要纯青。

太极拳是一种柔和缓慢的拳术，要求心静体松、呼吸自然、轻灵沉着、上下相随、以意导动，在技术方法上表现为虚灵顶劲、气沉丹田、含胸拔背、松腰敛臀、圆裆松胯、沉肩坠肘、舒指坐腕、尾闾中正等。

南拳是一种流传于我国南方各省的拳势刚烈的拳术，要求动作紧凑、刚劲有力、步法稳固、手法多变，常以发声吐气助拳势发力，在技术方法上表现为稳马硬桥、脱肩团胛、直项圆胸、沉气实腹、五合三催、发声呼喊等。

2. 器械

器械种类繁多，有短器械、长器械、双器械和软器械等，如以剑术、刀术为代表的短器械，剑术要求动作轻快洒脱、吞吐自如、矫健优美、刚柔相兼、富有韵律，在技术方法上表现为轻快敏捷、刚柔兼备、身活腕灵、气韵生动；刀术要求动作勇猛快速、刚劲有力、紧密缠身，在技术方法上表现为力劲势猛、刀快法诈、刀手配合等；长兵器枪术则要求动作上下翻飞、走势开展等，其技术方法为枪扎二线、势贵四平、行枪活跃、工于一圈；棍术要求动作勇猛泼辣、密集如云，其技术方法要求横打一片、身棍合一、梢把并用、握法灵便、长短兼施。

以上仅列举了一些具有代表性的拳种和器械，其他的拳种和器械也都各具不同的技术方法和要求，表现出不同的风格和特点。

❖ 武术散手

散手技术可分为进攻、防守和防守反击三类。其中，散手步法是基础，始终贯穿散手技术运用的全过程。

1. 进攻技术

进攻技术是指在对抗中运用各种方法击打对方的技术。主要包括踢、打、摔三种：踢，是用腿攻击对方的各种击法，有正蹬腿、边腿和侧踹腿；打，是用拳攻击对方的各种击法，有冲拳、贯拳、鞭拳和抄拳；摔，是用各种接触式方法破坏对方重心，使其除两脚之外的第三点着地的各种击法，它主要有主动摔和接招摔两种，如格挡搂推摔、抱腿压摔、接腿搂劲摔等。

2. 防守技术

防守技术是指在对抗中运用各种防护手段保护自己不被打击或免受重击的方法。可分为接触式防守和不接触式防守，前者主要有阻挡、格架、推拍等，后者主要有躲闪、进招等。

3. 防守反击技术

防守反击技术是一种复合技术，由防守与进攻技术组合而成。

4. 步法

步法是指在散手对抗中根据对方的不同情况合理移动脚步的方法。主要有前后左右的单滑步、双滑步、左右闪步以及垫步和跃步等。

5. 组合技术

组合技术是指在散手实战中根据对方的实际情况，运用由几个进攻和防守动作有机连接起来的组合动作。主要有拳、腿、摔技术的各种组合动作。

❖ 武术的特点与功能

1. 武术的特点：

（1）技击

武术最初作为军事训练手段，与古代军事斗争紧密相连，其技击的特性是显而易见的。在实用中，其目的在于杀伤、限制对方，它常常以最有效的技击方法，迫使对方失去反抗能力。这些技击术至今仍在军队、公安中被采用。武术作为体育运动，技术上仍不失为攻防技击的特性，而是将技击寓于搏斗与套路运动之中，而搏斗运动集中体现了武术攻防格斗的特点，在技术上与实用技击基本上是一致的，但是从体育观念出发，它受到竞赛规则的制约以不伤害对方为原则。如在散手中对武术中有些传统的实用攻击方法做了限

制，而且严格规定了击打部位和保护护具，短兵中使用的器具也做了相应的变化,而推手则是在特殊技术规定下进行竞技对抗的。因此，可以说武术的搏斗运动具有很强的攻防技击性，但又与实用技击有所区别。

套路运动是中国武术的一个特有的表现形式，不少动作在技术规格、运动幅度等方面与技击的原形动作有所变化，但是动作方法仍然保留了技击的特性。即使因连接贯串及演练技巧上的需要，穿插了一些不一定具有攻防技击意义的动作，然而就整套技术而言，主要的动作仍然是以踢、打、摔、拿、击、刺诸法为主，是套路的技术核心。它的攻防技击特性是通过一招一式来表现的，会集百家，它的技击方法是极其丰富的。短兵中不宜采用的技术方法，在套路运动中仍有所体现。

（2）形神兼备

既究形体规范，又求精神传意。内外合一的整体观，是中国武术的一大特色。所谓内，指心、神、意等心志活动和气总的运行；所谓外，即手眼身步等形体活动。内与外、形与神是相互联系统一的整体。比如，五禽戏就是一种模仿虎、鹿、熊、猿、鸟五种动物的奇妙功夫，其精髓就是:“外动内静、动中求静、动静兼备、有刚有柔、刚柔并济、练内练外、内外兼练。”

武术“内外合一，形神兼备”的特点主要通过武术功法和投法来体现。“内练精气神，外练筋骨皮”是各家各派练功的准则，如太极拳主张身心合修，要求“以心行气，以气运身”。形意拳讲究“内三合，外三合”，大洪拳、少林拳也要求精、力、气、骨、神内外兼修。此外武术套路在技术上往往要求把内在精气神与外部形体动作紧密相合，完整一气，做到“心动形随”“形断意连”“势断气连”。以“手

眼身法步，精神气力功”八法的变化来锻炼心身。这一特点反映了中国武术作为一种文化形式在长期的历史演进中倍受中国古代哲学、医学、美学等方面的渗透和影响，形成了独具民族风格的练功方法和运动形式 。

（3）广泛的适应性

武术的练习形式、内容丰富多样，有竞技对抗性的散手、推手、短兵，有适合演练的各种拳术、器械的对练，还有与其相适应的各种练功方法。不同的拳种和器械有不同的动作结构、技术要求、运动风格和运动力量，分别适应人们不同年龄、性别、体质的需求，人们可以根据自己的条件和兴趣爱好进行选择练习，同时它对场地、器材的要求较低，俗称“拳打卧牛之地”，练习者可以根据场地的大小变化练习内容和方式，即使一时没有器械也可以徒手练习。一般

来说，受时间、季节限制也很小。较之不少体育运动项目，具有更为广泛的适应性，武术能在广大民间历久不衰，与这一特点不无关系，利用这一特点可为现代群众性体育活动提供方便，使武术进一步社会化。

2. 武术的功能

（1）强身健体，陶冶情操

武术不仅有健身和技击的价值，而且富有浓郁的艺术色彩。表现在运动中的攻与防、虚与实、刚与柔、开与合、快与慢、动与静、起与伏等交替变化形成的强烈的动感、均衡的势态、恰当的节奏、和谐的韵律，使人百看不厌。就单个动作而言，讲究的上、中、下三盘错落，高有鹰击长空的气概，低有鱼翔浅底的雅趣，如“大跃步前穿”，忽地凌跃而起，忽地又伏身而下，似长风出谷，若燕子抄水，妙不可言。其套路运动变化，讲究动之如涛、静之如岳、起之如猿、轻之如叶、重之如铁、缓之如鹰、快之如风等充满着矫健、敏捷、洒脱、舒展而遒劲的美，使人的情操在演练中受到陶冶，提高自身的修养和审美能力。

（2）锻炼意志

练武对意志品质的考验是多面的。练习基本功，要不断克服疼痛关，磨炼“冬练三九、夏练三伏”，常年有恒，坚持不懈的意志品质。套路练习，要克服枯燥关，培养刻苦耐劳，砥砺精进，永不自满的品质。遇到强手克服消极逃避关，锻炼勇敢无畏、坚韧不屈的战斗意志。经过长期锻炼、可以培养人们勤奋、刻苦、果敢 、顽强、虚心好学、勇于进取的良好习性和意志品德。

“教武育人”贯彻在武术教习全过程中，“未曾学艺先学礼，未曾习武先习德”，传统中始终把武德列为习武教武的先决条件。武术在中国几千年绵延的历史中，一向重礼仪，讲道德，“尚武崇德”。诸如，尊师爱友，包含了深刻广泛的道德内容，互教互学，以武会友，切磋技艺，讲礼守信，见义勇为，不凌弱逞强等品德。激烈的攻防技术和人生修行结合起来，是中国武术传统道德观念的体现。在社会的发展中，武德的标准和规范也不尽相同，尚武而崇德不仅能很好地陶冶情操，还会大大有益于社会精神文明建设。

龙舟

龙舟就是船上画着龙的形状或做成龙的形状的船。赛龙舟是我国一项独具风格、别有情趣的民族传统体育活动，已流传两千多年，多是在喜庆节日举行。龙舟是一项在各民族中广泛开展的传统体育活动，壮族、苗族、傣族、白族、土家族等诸多南方少数民族均有在节日赛龙舟的风俗，是集体性多人划桨竞赛。同时，这一活动在我国南方开展得十分广泛，江苏、浙江、福建、湖南、湖北、四川、云南、贵州、广东、广西等地都很盛行，有广泛的群众基础，深受我国各族人民的喜爱。

史书记载，赛龙舟是为了纪念爱国诗人屈原而兴起的。由此可见，

赛龙舟不仅是一种体育娱乐活动，更体现出人们心中的爱国主义和集体主义精神。龙舟竞渡自成习俗后，历代都在端午节举行这一活动。南北朝时发展到南郡、襄阳一些地区，后经唐代文人的文学渲染，纪念屈原的赛龙舟更是广泛流传，到了宋代，赛龙舟已传入宫中，那时皇帝亲临现场观看，场面十分宏大，到达封建社会的鼎盛时期。新中国成立以后，赛龙舟这一具有民族特色的民间体育活动得到发展，1953 年 11 月第一届全国民族形式体育表演及竞赛大会上，赛龙舟作为表演项目，深受全国人民的喜爱，1983 年我国首次派队参加国际龙舟大赛，一举夺得全部两项冠军。1984 年国家体委决定将龙舟赛列为体育比赛项目，举办了“屈原杯”龙舟赛。1984 年国际龙舟大赛在中国香港举行，有美国、德国、日本、英国、新西兰、新加坡、泰国、马来西亚、澳大利亚、中国澳门、中国香港等 16 个队参赛。1991 年第四届全国少数民族运动会把赛龙舟定为正式比赛项目，现在世界上越来越多的国家和地区也开展了此项运动，特别在东南亚一带比较盛行，已经成为国际性的比赛项目。

❖ 各地龙舟特色

苏州的龙舟分成各色，四角插旌旗，鼓手伏在中舱，两旁划手十六人。篙师执长钩立于船头，称作挡头篙。船头亭上，选面端貌正的儿童，装扮成台阁故事，称龙头太子。船尾高丈余，牵系彩绳。

当代用来竞渡的龙船，形制比旧时简化了许多。船以色彩划分赤龙、青龙、黄龙、白龙、黑龙等。船身、船上的罗伞旌旗等装饰，以及划手们的服装乃至船桨，都要求同一颜色。湖北、湖南等地的龙舟短则七丈多，长则十一丈余，划动时犹如游龙戏水。福建的龙舟，船首雕刻龙头，口能开合，舌能转动。贵州的龙舟由三只独木船联合而成，中间较长的一只称“母船”，船上有鼓手指挥，两边的两只船身稍短，称“子船”。

温州各乡都有龙船，各庙宇设香官神，专管划龙船。每逢端午节，有些地方要做新龙船，四月初一就擂鼓开殿门，祭香官神，开始造船。各地乡风一般都是五月初一才开殿门，祭神后即开划，俗叫“上水”，斗龙结束叫“散河”或“洗巷”。龙船头各处大同小异。有的在船身绘画龙鳞，头尾安置活动的龙头龙尾，形状较小，有的船身稍画上几笔龙鳞，也无头无尾，但形状较大。每乡龙船，各有固定颜色的旗帜。

傣族是在每年清明节后十日左右的“泼水节”举行龙舟赛，每船有60名水手、4名舵手和4名引道手。比赛时，由一人敲锣指挥，赛手们按鼓声节奏划桨前进，你追我赶，两岸群众不断发出加油声，船上和岸边一片欢腾，龙船便在欢呼声和加油声中冲向终点。

苗族的赛龙舟于每年农历五月二十四至二十七日的“龙舟节”举行，此项运动历史悠久，清乾隆徐家干著《苗疆闻见录稿》记载：“苗民好斗龙舟，岁以五月二十日为端节，竞渡于清水江之处，龙舟身长七丈，宽三尺，由三棵笔直粗大的杉树挖成槽形捆绑而成的三只独木船，中间较长的称母船，两侧的为子船，龙头龙须都由一根七尺长的水柳木雕刻而成，上涂金、银、红各色，每只船约有30名水手，一名长者任敲夫，一名男扮女装的儿童任锣手，比赛时，炮三声响后，数条龙舟在浪上疾行，并按鼓点划桨前进，两岸群众欢呼助威，场面壮观。”

龙舟运动具有浓厚的娱乐性和激烈的竞争性，经常参加此项活动，有利于身心健康，能有效地促进心肺功能和代谢机能的改善，同时，还能培养团结协作的精神，增强集体凝聚力，加强各族人民之间的交流，促进民族团结。

❖ 基本技术

1. 人员组成及其姿势

龙舟运动由划手、鼓手、锣手、舵手组成，每人的姿势各不相同。划手的姿势大概可以分为坐姿划、立姿划、单腿跪姿划，鼓手的姿势可分为站立打鼓、坐着打鼓、单腿跪姿打鼓，锣手的姿势可分为站立打锣、坐着打锣，舵手的姿势有站立把固定舵、站立把活动舵和坐着把活动舵。

2. 动作方法

划手动作方法包括握桨、坐姿、划桨技术、集体配合等基本技术。

（1）握桨

右排坐姿的握桨是左手在桨把的上端，掌心紧贴桨把，四指并拢从外向内弯曲握住，拇指从内向外握住桨把；右手在桨的下端（桨叶与桨把的交界处），四指弯曲并拢从外向内，拇指从内向外握住桨把，划行时要自然放松。左排坐姿的握桨要领与右排一样，只是左右手上下位置相反。通常把握在上端的手叫“上手”或“推手”，握在下面桨柄处的手叫“下手”或“牵引手”，上手臂的肩叫“推肩”或“上肩”，下手臂的肩叫“牵引肩”或“下肩”。

（2）坐姿

右排坐姿是左脚在前，全脚掌踏实在舟板上，左腿半屈；右脚在后，位于臀部下方，前脚掌踏在舟板上，脚跟提起，大腿和臀部的外侧紧贴在舟的内沿。左排坐姿的技术方法和要求与右排坐姿相同，只是左右腿动作相反。

（3）划桨技术

划桨时，桨入水的角度一般以 80°～90° 为宜。用力划行时，身体前倾，上手向前推，下手向后拉，形成高肘动作。在桨入水瞬间，上手臂用力向下压桨至拉水完毕。向上抬提桨时要求上手臂放松，下手腕内扣，使桨叶卸水。

（4）集体配合

赛龙舟很讲究集体配合，要求握桨的技术动作一致、入水角度一致、入水深浅一致和用力均匀协调一致，全体参赛者要服从指挥，随哨声或鼓声划行，其节奏是咚（鼓声）、喳（划水声），划桨动作要与呼吸协调配合，起桨时吸气，划桨时呼气。

❖ 龙舟制作和比赛方法

1. 龙舟制作

龙舟的制作较为简单，一般说来，龙头大多用整木雕成，不管是专业龙舟还是业余龙舟，竞渡前才装在船上，它是区别各队龙舟的主要标志；龙尾也用整木雕成，刻满鳞片。龙舟的装饰，包括旗帜和船体上的绘画，以及锣、鼓、神位等。

2. 比赛方法

赛龙舟分为民间比赛和正式比赛。

（1）民间比赛

民间比赛时龙舟的龙头、龙尾都装饰成龙的形状，其大小因地而异，龙船的形状、重量也不一样，比赛时，以龙头的颜色和划船者的头巾与服装的颜色为准分为黑龙、黄龙、白龙、青龙、红龙，比赛距离根据场地情况由组织者确定，在规定的距离内，以先到达终点者为胜。

（2）正式比赛

正式比赛按照竞赛规则的要求，龙舟长 11.59 米、宽 1.07 米、高 0.64 米，人数（包括鼓手和舵手）不得超过 23 人。比赛设有男女 400 米、500 米、600 米、800 米、1000 米直道竞速。比赛在静水水域（航道是直的，起航线与终点必须平行，并与航道线垂直）进行，每队登舟队员为 23 人，包括舵手、锣手、鼓手各 1 人，划手 20 人。比赛采用两船一组对抗赛的传统竞赛方式，分为预赛、复赛、决赛三个赛次，最终以时间先后顺序来判定名次。

秋千

秋千在我国的汉族、壮族、土家族、朝鲜族、彝族、纳西族、傈僳族、景颇族、维吾尔族、普米族、锡伯族、高山族、怒族等民族都十分流行，有着悠久的历史，各民族开展的秋千活动各有特色。在各民族流传的荡秋千活动中，最享有盛誉的当首推东北地区的朝鲜族。朝鲜族姑娘荡秋千驰名中外，她们荡秋千突出的特点是高、飘、悠、巧、柔、美等，显示了朝鲜族妇女的美丽、善良、健康、勤劳的风貌。

❖ 秋千概述

荡秋千是中国古老的民族传统体育活动，据《古今艺术图》记载，中国古代中原地区的秋千，是从生活在北方的一个少数民族山戎族那里引进的。山戎族很喜欢荡秋千，用秋千来培养人的矫健、敏捷等这些特别重要的战斗素质。春秋时代，齐桓公北伐山戎时，看到当地人踩着两根带子吊在空中晃来荡去锻炼身体，于是就把这种游戏带回中原。相传这就是后来盛行于民间的秋千游戏的来历。秋千是一些少数民族的传统体育项目，而且各地的秋千活动形式不同，具有不同的称谓，如荡秋、磨秋、观音秋、纺车秋、转轮秋、二人秋、担子秋等。

在我国汉族和西南少数民族地区流行着一种名曰“转秋”的秋千，也称“转转秋”或“纺车秋”，其活动特点是：在两根立柱中间挂一个十字交叉的秋千架，十字交叉的每头置一副秋千坐板，上各坐一人，当转到下面这个人的蹬地力量和空中另外三个人下拉、下坐的力量结合，做上下旋转运动。贵州东南苗族地区的转秋，每块坐板上坐

两人，4 块坐板上可坐 8 人，谓之“八人秋千”。每逢节日，男女青年身着盛装，在转秋千上飞快旋转，人影绰约，欢快无比。到高潮时，对歌之声此起彼伏，热闹非凡。我国北方汉族间也多有打转秋千之举。山东荣成一带称为“龙门秋千”。打龙门秋千时，人们要选择一条冬季干涸的小沙河，然后在河两岸各竖一柳木桩。两柳木桩间横架一木轴，轴两端装摇把，轴上穿一个大纺轮，轮上有 6 个小横梁，由小横梁上各垂下两条绳索拴踏板。然后让 6 名青年女子分别坐在踏板上。此时柳木桩下的数名小伙子合力摇动木摇把，使木轮飞快转动，于是秋千踏板上的女子便上下翻飞不止。居住在湘西的苗族，在每年的“赶秋节”上要举行荡八人秋千活动，这是一项男女青年尤为喜爱的一种传统体育。

秋千的另一种形式就是磨秋，它流行于土族、哈尼族和彝族等

少数民族地区。磨秋按其特点又分转磨秋和磨担秋两种。转磨秋是中立一柱，其顶端有轴，上系数条绳索，下以绳索拴数块踏板或铁环。转磨秋的人们坐在踏板上或抱环旋转为戏。转磨秋在不同地区的制作方式及玩法有所不同，我国青海省的土族人就地取材，因地制宜，拆下大板车轮，将车柱竖起，下轮压重物固定重心，上轮绑一架梯子，在梯子两端拴上等长的皮绳（似秋千索）即成，故又称为“轮子秋”。比赛时，参赛双方各坐在梯子两端的皮绳套环上，再用手握紧皮绳两侧，然后旋转轮子。比赛结果以转得时间长、头不晕、眼不花者为胜。磨秋的另一种形式为磨担秋。磨担秋是竖一直木于地，直木顶端有圆形尖顶，再以一横木杆（中心处有一圆孔）合在上面。横木杆两端各坐一人（也有趴在上面的），以蹬地做动力，使之绕直木上下或转圈活动，很像“跷跷板”。节日里，男女青年骑上磨担秋，互相追撵比赛，气氛欢快热烈。这一活动主要在我国云南哈尼族、彝族等少数民族中流行。新疆维吾尔族的秋千比较高大，维吾尔语叫“沙合尔地”，汉语称“空中转轮”，它类似土族的轮子秋。所不同的是在平坦的广场上竖立一根约 15 米高的木柱为主轴，主轴上端安装一个木轮，木轮边圈上对称地系着两根或四根约 20 米长的吊绳，活动者牵附吊绳，众人向一个方向边跑边蹬地，身体渐渐升高盘旋起来。有时主轴下面有人帮助转动横木，人在悬空旋转时，脚不能蹬地，由他人推动横木，使活动者不停盘旋，越来越高，颇有一番扣人心弦的惊险性。

❖ 秋千的种类与特色

荡秋千的种类很多，各民族都有自己独特的表演形式和比赛方法。如朝鲜族已把荡秋千活动作为传统的游艺项目之一，每逢四月初八至五月端午，朝鲜族女子便集结在百花深处的开阔地里，选择一棵大柳树，在树枝上悬挂长长的秋千绳。按其传统方式进行女子比赛，分为单人荡和双人荡两种。评比方法有的以树梢或对面支架悬挂树叶、小花作为目标，看谁荡时踢到目标；有的在高处挂一个铜铃铛，看谁能碰响它；或在秋千的蹬板下挂一条标有尺寸的长绳，用来测量荡起的高度。台湾高山族也普遍喜爱荡秋千这种娱乐活动，每逢喜庆日子，都要举行“秋千赛”，比赛荡的姿势、荡的高度和荡到最高点时翻转的次数。纳西族在春节期间也有荡秋千的活动，秋千场上人来人往，络绎不绝，单、双荡交替频繁，比赛以时间的长短和荡绳高低进行评分，热闹非凡，场面壮观。白族每逢春天，各村寨都要进行为期一周的“秋千会”，把美好的祝愿寓意在荡秋千活动中，如说“打一回秋千，平安三百六十五天”等。在许多少数民族的风尚习俗中，荡秋千还有着祈求丰收，祝愿老人长寿吉祥和为未婚青年男女搭鹊桥等种种含义。现代大城市中的许多游乐中心，所设的电气化大型高空转、转塔等游戏器械，可以说都是传统秋千的延伸和发展。

❖ 秋千比赛

荡秋千运动发展到现在，形式多样，其基本方法是用两手攀持秋千，腿部协调用力蹬摆，使秋千随着蹬摆的惯性来增高或触碰铜铃。按照民族传统的习惯，正式比赛只设女子项目，分单人赛（分为单人触铃和单人高度）、双人赛（分为双人触铃和双人高度）和团体赛三种。比赛项目有高度比赛和触铃比赛，其中高度比赛是以荡秋千的高低判定胜负，计量高度的方法是杆上系高度线，在规定的时间内，碰线次数多者为胜者；触铃比赛是将铜铃固定在一定的高度，在规

定的时间内，以运动员连续触铃的次数计算成绩，判定胜负。

❖ 秋千的健身功能

荡秋千可以锻炼身体和意志品质，尤其是能有效地提高人体在急速升降和悠荡时的适应能力，以及身悬高空时的心理平衡感。经常参加此项运动能发展腿力、臂力与握力，使身体迅速适应各种不同位置的变化，从而提高人体的协调能力，达到锻炼身体的目的。

小贴士

让我们荡起秋千，每天在秋千上做一组 30 分钟的练习。

1. 膝部一屈一伸的动作如同骑自行车，可以很好地锻炼我们的关节，却不会带来任何伤害。

2. 荡秋千时，你的身体越来越轻盈，腿部、臀部、手臂和腕部的肌肉都会得到加强，甚至手指和手心的小块肌肉也能受益。

3. 你有眩晕症吗？请荡秋千！眼睛不要盯向地面，而是永远望向蔚蓝的天空。

4. 让我们荡得更好。掌握好向前荡和向后荡的时机，让身体慢慢积蓄能量。保持荡幅，秋千向后荡时屈膝，向前荡时把腿伸直。

小孩子荡秋千时的注意事项：

1. 在荡秋千的过程中，要有大人在你的旁边。
2. 双手一定要紧握秋千上的两根长绳。
3. 不要从秋千上面跳下来。
4. 两个小朋友不要挤在一起荡秋千。
5. 不要把秋千荡得太高。

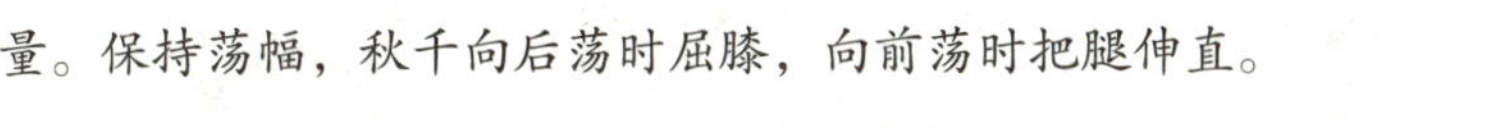

毽球

毽球俗称“踢毽子”，又称为“攒花”，是一种用鸡毛插在圆底上做成的运动器具，是流传于湘、鄂、渝、黔地区的民间传统体育运动项目。毽球在中国一向流传很广，是有着悠久历史的民族传统体育活动。进行毽球活动，可以活动筋骨、促进健康。毽球是一项新兴的体育项目，20 世纪 80 年代中期才亮相国内赛场。毽球的比赛场地类似排球场，中间挂网，两项团体赛每方各 3 人，每局 15 分，决胜局为每球得分制。比赛时运动员用脚踢球，不得用手、臂触球，在本方场区内最多只能击 4 次球。

❖ 毽球运动概述

踢毽子源于古代的蹴鞠，与蹴鞠同宗同源，是蹴鞠的一个分支。据文史资料考证，蹴鞠起源于五千多年前新石器时代的黄河流域，其原始形态为用脚在地面蹭蹴石球相撞击。西汉是比赛型蹴鞠和表演型蹴鞠成型的时期，而六朝、隋、唐、宋乃蹴鞠盛行的年代。现

代毽球类运动包括毽球和花样踢毽子两个项目类别，起步于20世纪中期。现代毽球类运动从最初兴起时就得到了政府及社会各界的积极倡导和大力支持，到20世纪80年代，现代毽球运动的蓬勃兴旺，全国和地方性毽球组织相继成立。与此同时，竞赛体制逐步改进与完善，全国性的锦标赛、职工赛、学生赛、国际邀请赛等竞赛制度相继建立。进入20世纪90年代，毽球类运动又先后跻身于全国少数民族运动会、全国农民运动会和全国中学生运动会等大型综合性运动会。同时，毽球运动跨出国门走向世界，先后在亚欧美等多个国家开展起来，并成立了相应的国际毽球协会组织，建立了世界锦标赛制度。

踢毽子是在中国流传很广，具有悠久历史的民族传统体育活动。

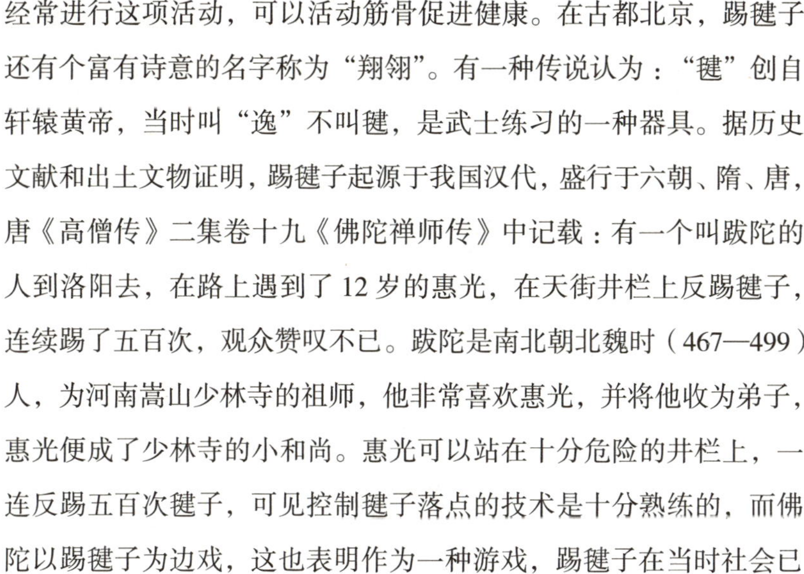

经常进行这项活动，可以活动筋骨促进健康。在古都北京，踢毽子还有个富有诗意的名字称为“翔翎”。有一种传说认为：“毽”创自轩辕黄帝，当时叫“逸”不叫毽，是武士练习的一种器具。据历史文献和出土文物证明，踢毽子起源于我国汉代，盛行于六朝、隋、唐，唐《高僧传》二集卷十九《佛陀禅师传》中记载：有一个叫跋陀的人到洛阳去，在路上遇到了 12 岁的惠光，在天街井栏上反踢毽子，连续踢了五百次，观众赞叹不已。跋陀是南北朝北魏时（467—499）人，为河南嵩山少林寺的祖师，他非常喜欢惠光，并将他收为弟子，惠光便成了少林寺的小和尚。惠光可以站在十分危险的井栏上，一连反踢五百次毽子，可见控制毽子落点的技术是十分熟练的，而佛陀以踢毽子为边戏，这也表明作为一种游戏，踢毽子在当时社会已

SPORT
Let's
Shaking
LOOK

是较为流行。

宋朝高承在《事物记源》一书中，对踢毽子有较详细的记载："今时小儿以铅锡为钱，装以鸡羽，呼为毽子，三四成群走踢，有里外廉、拖抢、耸膝、突肚、佛顶珠等各色。"明、清时期，踢毽子进一步发展，关于踢毽子的记载也就更多了。明代进士、我国历史上有名的散文家刘侗在《帝京景物略》中道："杨柳儿青放空毽，杨柳儿死踢毽子。"踢毽子已成为民谚的内容，而且发展为数人同踢的技巧运动。至清末踢毽子已达到鼎盛时期，参加的人越来越多，不仅用来锻炼身体以做养生之道，而且把踢毽子和书画、下棋、放风筝、养花鸟、唱二黄等相提并论，一些人以会踢毽子而自荣。民间踢毽子爱好者更是用功苦练，以口传身授的方法代代相传，因此踢毽子的活动更加广泛，特别是青少年参加者更为普遍，当时就有这样的童谣："一个毽儿，踢两半儿，打花鼓，绕花线，里踢外拐，八仙过海，九十九，一百……"。说明踢毽子已经到了相当普及的程度。以北京为例，每遇城乡庙会各路能手，步行相聚，观摩、比赛，培养新手，甚是热闹。

潘荣陛在《帝京岁时纪胜》中形容踢毽子时说："手舞足蹈，不少停息，若背若面，若背若胸团转相击，随其高下，动合相宜，不致坠落。"可见当时毽子活动很盛行。到清代，踢毽子不仅是娱乐游戏，而且还是一项竞赛活动，在社会上得到广泛的开展，北京、上海、广东、浙江、山东等省、市都举行过规模较大的踢毽子比赛。

清末，学校以传统体育项目作为教材，其中踢毽子就是最受学生欢迎的一个项目。1931 年，福建国民体育运动会设踢毽子赛。山东为提倡、发展踢毽子这一民族传统体育活动，于 1935 年 3 月举行了全市第一届踢毽子比赛。旧中国第六届全国运动会上，也把踢毽

子列为国术比赛项目。但是，此后踢毽子运动衰落了，直到新中国成立后，这项民族体育运动才逐渐得到恢复和发展。

新中国成立后，毽球运动得到了更广泛的开展，1950 年北京市吸收了在街头靠踢毽子糊口的艺人参加了杂技团，专设了踢毽子节

目，并组织出国进行表演，受到了国外观众的热烈欢迎。1963年，踢毽子和跳绳等运动，一同被列入国家提倡开展的体育活动，踢毽子运动还被编入了小学体育教材。1961年6月，中央新闻电影制片厂拍摄了“飞毽”的电影，介绍了踢毽运动的历史和踢法，推动了这一运动的发展。1984年国家体委将毽球运动列入全国正式比赛项目，使古老的毽球进入了一个新的发展阶段。1985年4月国家体委在苏州市举办了全国第一届毽球锦标赛，全国各地掀起了开展毽球运动的热潮。1988年2月正式成立中国毽球协会，1991年国家体委审定并颁布了第一本《毽球竞赛规则》，此后又制定了《毽球竞赛裁判法》。毽球这一民族传统体育项目，不仅在国内得到迅速发展，而且很快传播到亚洲、欧洲、美洲等十几

个国家和地区。1999 年国际毽球联合会成立，目前有 13 个成员国。欧洲还成立了毽球联盟，2000 年第一届毽球锦标赛在匈牙利举行，此后国际毽球联合协会每年都举行一次世界毽球锦标赛，可见毽球运动正一步步走向世界。

踢毽子是一种良好的全身性运动，它简单易行，不需要任何专门的场地和设备，运动量可大可小，男女老幼都可练习。经常参加踢毽子活动和比赛，不仅对增强下肢肌肉力量、提高柔韧性具有良好的效果，而且对增进和提高灵巧、反应、协调、平衡等都有积极的作用，尤其是青少年经常参加这项活动，有利于身体的全面发展。

❖ 毽球的基本技术

毽球运动的基本方式是在流行于东南亚藤球运动的基础上演变

金陵体育
SPORT
Let's
Shaking
LOOK
AT ME!!

与发展而形成的，发球主要的攻防基本技术动作和集体项目设定方面都与藤球十分接近。在进攻技术动作方面，目前毽球的“高腿踏毽”和“外摆脚背倒勾攻球”，就是藤球在20世纪60年代盛行的进攻动作。在防守动作方面，都允许进行跳起封网和以头击毽过网，也与藤球的规则完全相同。花样踢毽子，是踢毽子运动中的一种，分规定动作赛和自选动作赛两项。规定动作有盘踢、磕踢、落、上头、交踢五个套路，自选动作则由运动员即兴发挥，花样更繁难度更高。在竞赛分类上，花毽属于动作技巧竞争性比赛，具有很强的观赏性，与毽球所属的对抗性竞争比赛属于完全不同的竞赛类型。

踢毽子的基本活动方法有脚踢、膝垫、身触、头顶等，其中踢的方法有远踢、近踢、高吊、前踢、后勾、倒勾、侧身勾踢、旋转、穿环等百余种，踢的形式有单踢、对踢、集体踢等。

现在的毽球比赛，两队各上场3名队员，在用球网隔开的各自的场地上，按照规则运用发球、踢球、垫球、传球、拦网等技术进行攻防对抗，不使球在本方落地。比赛由站在靠近端线的队员在发球区用脚将球踢向对方场区即比赛开始。每方最多只能有三人共击球四次就要过网，每名队员可以连续击球两次。手、臂触球或身体触网均属违例。比赛应连续进行，直到球落地、出界或某一队不能合法将球击回对方时，对方得1分。某方先得15分为胜一局，比赛采用三局两胜制。毽球技术是运动员在参加毽球比赛中所采用的合理动作，为了适应比赛场上不断变化的复杂情况，运动员必须熟练掌握毽球的各种技术。毽球技术有踢球、垫球、挺球、顶球四种。

❖ 踢毽球的健身功能

踢毽子是大人小孩都知道的一种运动，但是你又知道多少关于

踢毽子对身体带来的好处呢？踢毽子尤其是对糖尿病、腰腿病的患者有很大的疗效。每天坚持踢毽子十分钟，轻轻松松就可以健身。

踢毽子具有一定的娱乐性和艺术性。最具亲和力的是“走毽”，大家围拢在一起，你一脚我一脚，小小的毽子在人群中上下飞舞，不但可以强身，还可以增进朋友间的感情。

从运动学角度分析，踢毽子的技术动作需要四肢通力配合，是一项全身运动。它主要以下肢做盘、磕、拐、蹦、落等动作来完成，通过抬腿、跳跃、屈体、转身等运动使脚、腿、腰、颈、眼等身体各部分得到锻炼，其中最显著的区别在于它的动作可以让人体的关节得到横向摆动，带动了身体最为迟钝的部位，从而大大提高了各个关节的柔韧和身体的灵活性。踢毽子要求技术动作准确、使毽子

在空中飞舞不能落地，每种动作需在瞬间完成，这样就会使人的大脑高度集中，心身专一，从而排除了杂念，使踢毽者感到身心舒畅，活力无限。

踢毽子对糖尿病人有特别的帮助，糖尿病患者由于血糖偏高，缺乏运动，下肢会逐渐萎缩，而踢毽子主要以腿部、脚部运动为主，从而带动全身血液循环，这对血糖的调节起着很重要的作用。另外，踢毽子对颈椎病、腰椎间盘突出、肩颈病和坐骨神经痛等慢性疾病也会起到很好的缓解作用。

小贴士

常踢毽子，年轻你的腿。

人的下肢离心脏最远，供血容易受到影响。“树老先老枝，人老先老腿”是有道理的。长期坐办公室，尤其是当今电脑族，下肢活动少，久之，则肌肉松弛，体积减小。大腿后部持续受压，静脉回流受阻，下肢最先累及。

踢毽子以下肢肌肉的协调运动为主，功夫在脚上。磕、拐、盘，转身稳步，起跳踹腿，前合后仰，在他人看来，就像欣赏跳舞。髋关节、膝关节、踝关节等，以纵轴为中心摆动，带动远端供血最困难、动作难度最大的部位，增强了肌肉的力量和相应关节的柔韧性。盘、拐、绕等动作，缝匠肌、腘肌、股肌等腿部肌肉得到锻炼：而奔、磕、落等，足背肌、足底肌的作用必不可少。至于花毽的一些高难度动作，像“雾里看花”“苏秦背剑”“倒挂紫金冠”“外磕还龙”“朝天一炷香”等，头顶、后背、脚跟、脚面等部位，毽子上滚下翻，滴溜儿乱转。这时，腰肌、髋肌、臀肌，甚至胸肌、腹肌等都要参与。骨骼肌的动静脉短路枝大量开放，下肢血流的动力性平衡得到维持。既增强了肌肉、骨骼的运动功能，又有效地预防了一些血液回流障碍性疾病，尤其能预防办公室一族罹患的下肢深静脉血栓。

长期低头伏案，颈椎前倾，疏于活动，容易得颈椎病；胸、腰等部位脊椎的生理弯曲失常，久之则弓腰驼背，成为所谓“办公室型体态”。踢毽子时，随着毽子的起落，脊椎各关节屈伸有节、有度，椎体的深、浅层肌及颈前、颈后肌等一张一弛的功能锻炼，避免了椎关节的僵化，增强了关节的稳定性，预防了颈椎病，修整了腰肢体态。踢毽子时双上肢有节律地摆动，运动了肩、背部肌肉、关节，对中老年人罹患的肩周炎，也有较好的防治作用。

踢毽子还可以防治“亚健康”状态。踢毽子要求人的思想高度集中。瞬间完成踢的动作，技术到位，动作准确，毽子才能遂心着意。大脑皮层势必建立起新的兴奋灶，转移思维，“换换脑子”。对于调节高级神经活动、化解心理压力十分有益。毽子虽小，娱乐和艺术等功能俱全，魅力十足。心到、眼到、脚到；反应要灵敏，动作要迅速，相互配合要心领神会。很多人把踢毽子又叫“走毽儿”。大家围在一起，你一脚，我一脚，飞舞的毽子牵动着所有人的眼球，调动着所有人的责任感，激发着所有人团结进取的精神；稍微的不小心都会造成毽子起落中断。其间有说有笑，有喊有叫，有逗有让，气氛融洽、热烈；一旦落地，一片哗然，一片惋惜。心态的调整寓于小小毽子的腾飞起落。有效地防治了“亚健康”状态。

踢毽子要求条件不高。晴天室外，雨天屋内，有“拳打卧牛之地”即可踢上几脚。

舞龙

舞龙起源于中国的传统舞蹈，古时是在一年中的大型节日举行舞龙表演。随着华人移民到世界各地，现在的舞龙文化，已经遍及

中国、东南亚，以及欧美、澳大利亚、新西兰各个华人集中的地区，成为我国民族传统体育文化的一个标志性运动。世界上凡是有华人居住的地方都把龙作为吉祥之物，在节庆、贺喜、祝福、驱邪、祭神、庙会等期间，都有舞龙的习俗。

龙在神话中是海洋的主宰，威力无穷，而海洋主水，龙也就很自然地做了农作物的司雨神。民以食为天，谷物是维持生命的根本，间接也就操纵了人类的生命。龙是华夏民族世世代代所崇拜的图腾，中国人就把龙看成能行云布雨、消灾降福的神奇之物。数千年来，炎黄子孙都把自己称为“龙的传人”。

公元前206年至220年的汉代，就有杂记记载为了祈雨，人们身穿各色彩衣，舞各色大龙。渐渐地舞龙成为人们表达良好祝愿、祈求人寿年丰的祈祷仪式进行表演，全国的舞龙有上百种，经过几

千年的流传和发展，表现的形式更是多种多样、丰富多彩。

在我国古代历史文籍记载中出现的时间极早，而且舞龙包含风调雨顺、国泰民安，原有“祈年”的意思。舞龙的时候，少则一两个人，多则上百人舞一条大龙。最为普遍的叫“火龙”，舞火龙的时候，在夜里常常伴有数十盏云灯相随起舞，所以舞火龙又称为“舞龙灯”。舞龙灯时有几十个大汉举着巨龙在云灯里上下穿行，时而腾起，时而俯冲，变化万千，其间还燃放烟火、鞭炮，大有腾云驾雾之势。旁边簇拥着成百上千狂欢的人们，锣鼓齐鸣，蔚为壮观和热闹。这种气势雄伟的场面，极大地激发了人们的情绪，振奋和鼓舞了人心。因此舞龙成为传承与发展民族传统体育文化不可缺少的标志性运动，充分体现了中国人民战天斗地、无往不胜的豪迈气概。

灯节虽始于汉初，盛于唐宋，但舞龙的习俗，则源于继承殷周“祭天”的遗风。中华民族是一个富有创造力的民族，纵观各地，各族人民的舞龙表演，种类繁多，各具特色。常见的有火龙、草龙、毛龙（贵州石阡）、人龙、布龙、纸龙、花龙、筐龙、段龙、烛龙、醉龙、竹叶龙、荷花龙、板凳龙、扁担龙、滚地龙、七巧龙、大头龙、夜光龙、焰火龙等近百种之多。龙灯的节数一般为 7 节、9 节或 13 节。

从久远的年代起，舞龙活动即开始，并一代又一代流传下来。舞龙不再是某一民族独有的项目，而是属于各个民族共同的体育文化，在我们祖国这个多民族的大家庭里，龙已成为整个中华民族的象征，舞龙的创造和流传是中华民族光辉历史的一部分，为我们的民族和人民所喜爱。

舞狮

舞狮，又称“狮子舞、狮灯、舞狮子”，多在年节和喜庆活动中表演。狮子在中国人心目中为瑞兽，象征着吉祥如意，从而在舞狮活动中寄托着民众消灾除害、求吉纳福的美好意愿。舞狮历史久远，《汉书·礼乐志》中记载的“象人”便是舞狮的前身，现存舞狮分为南狮、北狮两大类。

舞狮在南北朝时期开始流行，至今已有1500多年的历史。表演者在锣鼓音乐下，装扮成狮子的样子，做出狮子的各种形态动作。中国民俗传统认为舞狮可以驱邪辟鬼，舞狮代表着欢乐，代表着幸福，代表着人们心中的祝福，是美好生活的象征。故此每逢喜庆节日，如新年庆典、迎春赛会、传统节日等，都喜欢敲锣打鼓，舞狮助兴。舞狮这一民族传统体育文化亦随着华人移居海外而传播至世界各地，马来西亚、新加坡等地相当盛行舞狮。聚居欧美的海外华人亦组成不少舞狮协会，每逢春节或重大喜庆、节庆活动，都会在世界各地团聚并举行舞狮活动以示庆祝。

狮最早是从西域传入的，狮子是文殊菩萨的坐骑，舞狮的活动也随着佛教传入中国。据资料记载，中国早期没有狮子，在中华文化中，狮是和龙、麒麟一样都只是神话中的动物。到了汉朝时，才首次有少量真狮子从西域传入。当时的人模仿其外貌、动作做戏，至三国时发展成舞狮，将狮子当成威勇与吉祥的象征，并希望用狮子威猛的形象制造狮形以驱魔赶邪。南北朝时舞狮随佛教兴起而开始盛行。舞狮的技艺是引自西凉的“假面戏”，也有人认为舞狮是

5 世纪时产生于军队，后来传入民间的。唐代时舞狮已成为盛行于宫廷、军旅、民间的一项重要社会娱乐活动。唐段安节《乐府杂寻》曰："戏有五方狮子，高丈余，各衣五色，每一狮子，有十二人，戴红抹额，衣画衣，执红拂子，谓之狮子郎，舞太平乐曲。"舞狮是唐朝大型宫廷舞蹈的一种表演形式，当时的"太平乐"亦称为"五方狮子舞"，

出于天竺与狮子国等国。白居易在《西凉伎》诗中对此有生动的描绘：“西凉伎，西凉伎，假面胡人假狮子。刻木为头丝做尾，金镀眼睛银贴齿。奋迅毛衣摆双耳，如从流沙来万里。”

中国社会历来以农为本，配合节气变更与农事生活，各种节日或迎神喜典应运而生，在这些节庆中，人们为了祈求生活平安祥和，以神或瑞兽来驱鬼娱神演变下来，这种形式便渐渐具有娱乐民间的意义。随着人们对狮子的喜爱，就不满足于立门墩、屋檐、石栏、印章、年画上静止的狮子艺术形象，他们要让狮子活起来，于是便创造了模拟狮子行为的舞蹈，再加以改进和发展成为中华民族的一门独特艺术。舞狮在亚太地区广泛流行，作为民间传统体育文化表演，舞狮的表演者在锣鼓音乐下，装扮成狮子的样子，模仿狮子的各种形状与生态动作。

民间舞狮活动虽然由来已久，但这门艺术起源却是众说纷纭。行家遍翻群书，追根究底也只能从各种记载中悟出一些头绪，这又包括种种的传说。最初北狮在长江以北较为流行，而南狮则是流行于华南、南洋及海外。现代将二者的舞法相互融合，主要是用南狮的狮子，北狮的步法，故称为“南狮北舞”。

❖ 北狮

北狮的造型酷似真狮，狮头较为简单，全身披金黄色毛。舞狮者（一般二人舞一头）的裤子、鞋都会披上毛，看起来就是惟妙惟肖的狮子。狮头上有红结者为雄狮，有绿结者为雌性。北狮表现灵活的动作，与南狮着重威猛不同。舞动则是以扑、跌、翻、滚、跳跃、擦痒等动作为主。狮一般是雌雄成对出现，由装扮成武士的主人前领。有时一对北狮会配一对小北狮，小狮戏弄大狮，大狮弄儿为乐，尽显天伦。北狮表演较为接近杂耍。配乐方面，以京钹、京锣、京鼓为主。

河北是北狮的发源地。徐水县北里村狮子会创建于1925年，以民间花会形式存在，新中国成立后得以迅速发展。徐水的舞狮活动

主要在春节和寺庙法会期间举行，表演时由两人前后配合，前者双手执道具戴在头上扮演狮头，后者俯身双手抓住前者腰部，披上用牛毛缀成的狮皮饰盖狮身，两人合作扮成一只大狮子，称太狮；另由一人头戴狮头面具，身披狮皮扮演小狮子，称少狮；手持绣球逗引狮子的人称引狮郎。引狮郎在整个舞狮活动中具有重要作用，他不但要有英雄气概，还要有良好的武功，能表演前空翻过狮子、后空翻上高桌、"云里翻下梅花桩"等高难度动作。引狮郎与狮子的默契配合，形成北方舞狮的一个重要特征。北狮的基本特征是外形夸张，狮头圆大，眼睛灵动，大嘴张合有度，既威武雄壮，又憨态可掬；表演时能模仿真狮子的看、站、走、跑、跳、滚、睡、抖毛等动作，形态逼真，还能展示"耍长凳""梅花桩""跳桩""隔桩跳""靓扮造型""360 度拧弯""独立单桩跳""前空翻二级下桩""后空翻下桩"等高难度技巧动作。

❖ 南狮

南狮又称醒狮，造型较为威猛，舞动时注重马步。南狮主要是靠舞者的动作表现出威猛的狮子形态，一般只会二人舞一头。狮头以戏曲面谱做鉴，色彩艳丽、制造考究，眼帘、嘴都可动。严格来说，南狮的狮头不太像是狮子头，有人甚至认为南狮较为接近年兽。南狮的狮头还有一只角，传闻以前会用铁做，以应付舞狮时经常出现的武斗。舞狮之前通常由主礼嘉宾进行点睛仪式，把朱砂涂在狮子的眼睛上，象征给予生命。舞狮动作要配合音乐的节奏，舞南狮时会配以大锣、大鼓、大钹，有时还会有一人扮作"大头佛"手执葵扇带领。南狮的狮头以佛山装狮为代表，狮头较大而圆，额位宽而有势，嘴较平阔；传统上，南狮狮头造型上有"刘备狮""关羽狮""张

飞狮”之分。三种狮头，不单颜色，装饰不同，舞法亦根据三个古人的性格而异。

南狮的舞动造型很多，有起势、常态、奋起、疑进、抓痒、迎宾、施礼、惊跃、审视、酣睡、出洞、发威、过山、上楼台等。舞者通过不同的马步，配合狮头动作把各种造型抽象地表现出来。故此南狮讲究的是意在和神似。南狮有出洞、上山、巡山会狮、采青等表演方式,当中“采青”最为常见。相传“采青”原有“反清复明”之意，现代一般是取其生意兴隆之意。为了增加娱乐性，采青有时还会用上特技动作，如上肩（舞狮头者站在狮尾者肩上）、叠罗汉、上杆（爬上竹竿），或者过梅花椿（经过高低不一的长木椿）等。

南狮比赛种类可分为高椿狮艺竞赛和传统狮艺竞赛，其中较主流的为高椿狮艺竞赛。马来西亚、中国和美国等地，每年都会举办世界性的醒狮大赛。而较著名的国际比赛有两年一度在马来西亚举行的云顶世界狮王争霸赛。

舞狮是一门集武术、舞蹈、锣鼓于一体的综合性艺术，舞狮的形式有单狮、双狮、地狮、高桩狮、高桩单狮、高桩双狮等，形成独具特色的舞狮文化风格。遂溪醒狮属于南狮，曾代表中国出访多个国家，遂溪醒狮协会多支狮队在全国大赛上获奖，还到法国巴黎参加“中法文化年”展演，2003 年 12 月遂溪县被中国民间文艺家协会命名为“中国醒狮之乡”。

第五章

健身娱乐性民族传统体育

五禽戏

五禽戏是汉末著名医学家和养生学家华佗依据古导引术而创编的一套健身方法。华佗五禽戏是在古导引术基础上创制的，其主要特点：一是在继承古导引术基础上，模仿动物动作来进行动作编排；二是将以往较为散乱的导引术式按人的生理结构和规律，整合成为一套结构紧凑、编排合理、运动量适度、易学易练的套路形式。正因为具有以上特点，因而五禽戏成为中国古代导引术最著名、最具代表性并流传千古的功法之一。

华佗所创五禽之戏，一曰虎，二曰鹿，三曰熊，四曰猿，五曰鹤，亦以除疾、利足以当导引。五禽图内功法包括虎、鹿、熊、猿、鹤功五部功法，并且每部功法都有拍击法，循序渐进地练习方可有所收获，下面就逐一进行介绍其具体功法。

❖ 猿功

猿功功法为五禽图内功之第一部功法，共呼吸十五口气，一呼一吸为一口气。运动过程中强调动作随心意而行，意守丹田，注重呼吸并辅以拍打，形、意、气三元合一的理想练功状态，并

注重配合呼吸的深浅与规律，从而获得最佳练习功效。

预备开始式：身体直立，双脚并拢，目神、心意均在丹田（脐下一寸三分）处，调匀呼吸，精神集中，肢体松柔，此为行功前之预备式，约静默一分钟，然后开始呼吸运动。

运动时，以两手中指尖相接触，手心向上，置于小腹之下，行呼吸一次，而目神、心意均在丹田处，此为第一口气。两手上移置于脐处，但手不挨脐，行呼吸一次，神意守丹田，此为第二口气。

两手下移至小腹下，两手立即前举向上，便成侧面之半圆线，两目随指尖接触处而上视，两肘伸直，手心向下，均可吸气。两手直向面门放下，至小腹下为度。目光亦随之而下，注视丹田。两手复上移至脐处，两手分置左右肋际，指尖向前，掌根向后，两中指尖与肚脐成直线，肘部正直向后，不偏不倚，均为呼气，是为第三口气。此时保持姿势不变，行呼吸三次，是为第四至第六口气。

接上动作，两脚分开呈“人”字形，脚尖微向内，脚跟微向外，两膝伸直。两手左右伸直，似大字形，手背向上。两手平行向前相交而复，神意注视于手。其余仍注视丹田，此为吸气时间。吸气毕，两手背反转向下，气即随之而呼出，手握成拳，但不可用力，速即缩回，分置两肋际，手不触肋，拳达肋际，气即呼毕，此为第七口气。姿势不变，连续行呼吸七次，是为第八至第十四口气。

最后两脚收回，同时又行吸气，身体立正，两掌同时收至胸前，与两肘成平线，吸气毕。两拳顺乳斜行而循肋部绕到背后，指尖向下。两手复分两旁而气亦呼尽，此为第十五口气。照上述功法动作反复练习，一般每次行功不得少于十余遍。

❖ 鹿功

鹿功为五禽图内功之第二部功法，鹿功功法的结构由五式动作所组成，共呼吸十九口气，一呼一吸为一口气，运动过程中同样强调动作随心意而行，意守丹田，注重呼吸并辅以拍击法，构成形、意、气三元合一的理想练功状态，并注重配合呼吸的深浅与规律，从而获得最佳练习功效。

预备开始式：具体方法为身体中正直立，双脚左右分开，与肩同宽，脚尖微向内，脊背伸直，小腹略挺，头微前倾，目神、心意均注视丹田，两手中指尖相接触，手心向上，置于脐处，然不

挨脐，行呼吸一次，是为第一口气。

两手上移至乳际，然不挨两乳，目神、心意仍注视丹田，行呼吸一次，是为第二口气。在乳际之两手变成合掌，同时吸气。合掌上伸高过头顶，两肘伸直而神意随掌而上，头向后仰。在顶上之合掌正直向下至胸部，同时呼气，神意亦随之而下，注视丹田，两掌由胸部分开，各置于肩胛之际，掌心向前，指尖朝上，同时呼气毕，此乃第三口气。保持姿势不变，连续行呼吸五次，是为第四至第八口气。

两手由两肩左右伸出，呈一直线，掌心向下，如大字形状。两手平移至前方相交而覆，均为吸气。此时神意专注视手，其余仍注视丹田，吸气毕，两手变掌为拳，两脚收拢并立。随即两拳向后平分，同时呼气。两拳继续分向后方腰眼中间，左拳在上，右拳在下，拳背紧贴背脊，呼气乃尽，是为第九口气。保持姿势不变，再行呼吸九次，是为第十至第十八口气。

第十八口气呼尽，两拳徐徐上提至腋窝，同时吸气。提至两肘与肩平，两拳在胸前会合，上移至鼻尖时吸气毕。两手又斜移至两肋，随即变拳为掌。两手移动即同时呼气。两掌从腋窝移回背心，重叠交叉，直插尾闾，呼气乃尽，是为第十九口气。

❖ 虎功

虎功为五禽图内功之第三部功法，虎功功法的动作结构特点刚猛，共呼吸二十口气，姿势较猿功、鹿功繁难，运动过程中强调动作随形似猛虎，注重呼吸并辅以翻长沙袋法和虎功拍击法，并注重配合呼吸的深浅与规律，从而获得最佳练习功效。

虎功练习的具体方法：身体直立，左脚跟抵右脚弓，呈“丁”字形，双膝挺直，双手十指相交叉，手心向上，相叉的双手从右边髋骨处缓缓绕脐而至左髋骨处。注意，双手不能触及髋骨。动作开始即吸气，吸气毕马上呼气，是为第一口气。

两手交叉不变上移至乳部，行呼吸一次，是为第二口气。行以上两口气动作时，其神意注视两手。

两手一面上移，一面翻手，手背向外翻上，手心向下，同时吸气，两手举至头顶，目光随手动而移动。两手在头顶从左向右移，吸气毕。微停，两手又再自头顶从右向左移。移动即呼气，移至左边时两手仍以交叉状自头上方向下落至膝际，手心向下，身体同时下坐，左足跟抬起，仍为“丁”字形，两膝弯曲，以右脚支撑全身重量，两手不停，叉绕

至右膝边而停，呼气乃毕，是为第三口气。

两手从右回绕至左膝，上体随着手绕而转向左侧，移动即行吸气。随即两手分开，左手伸直向后方画半圆线，继续伸向前方，臂与耳接触，掌心向前，指尖向上，成托天掌形。右手屈肘置于肋际，掌心向下，指尖向前，为呼气时间。目神、心意以前随手转移，至此则注视丹田，是为第四口气。姿势不变，行呼吸五次，是为第五至第九口气。

右肘直向前方，手指尖下平掌与肩齐，再尽力向后方平移，身体亦随之扭转，此为吸气时间。

两手易掌为拳，右手拳心向上，左手拳心向下平引返前，拳的高度同肩齐，臂靠耳际，右拳置于右肋际，同时呼气。神意以前随手转移，至此则注视丹田，是为第十口气。保持此动作不变，呼吸九次，是为第十一至第十九口气。

最后左拳下按，立即缩回与右拳相接触，身体直立，即将两拳移至胸前与两肘成平线，同时吸气。两拳顺乳斜行从肋部绕至背后，同时呼气，手指渐渐分开。向下直插，与猿功结束动作相同，是为第二十口气。又从右面行功一遍，仍为二十口气。每次练功，左右均需锻炼，不可偏废。

❖ 熊功

熊功功法为五禽戏内功之第四部功法，熊功功法的动作结构特点刚猛，运动过程中强调动作随形似熊动，注重呼吸并辅以熊功拍击法，同样注重配合呼吸的深浅与规律以获得最佳练习功效。熊功共呼吸十九口气，姿势与虎功相同，第一、二口气吸时仍以相叉之两手心反转向下做拱手状上伸。

气吸尽时马上呼气，双

手放下，斜绕胸部，平移右肩之右掌与肩平，两手合掌，左手在上，右手在下，右肩右腰亦向后扭，目神、心意以前均注视在手，至此则注视丹田，同时气亦呼尽，是为第三口气。保持姿势不变，连续呼吸五次，是为第四至第八口气。

两手合掌下移至小腹部，同时呼气，两手分开同时呼气，左手上伸，肘部伸直，掌心向内，力向后拗，右手屈肘置于肋际，掌心向前，手指伸直朝下，同时气亦呼尽，是为第九口气。保持姿势不变，连续呼吸九次，是为第十至第十八口气。

两手握拳，同时吸气；两拳移至胸部与两肘呈平线，同时呼气。以下动作与猿功结束动作相同，是为第十九口气。

练习熊功时，亦左右并练，不可偏废。其遍数与虎功相同，亦如练虎功前一样，需先练猿功。练熊功后可停练鹿功、虎功。

❖ 鹤功

鹤功功法为五禽戏内功之第五部功法，鹤功功法共呼吸二十五口气，一呼一吸为一口气。运动过程中同样强调动作随心意而行，意守丹田，注重呼吸并辅以拍击法。

具体方法：两脚分开成骑马式，两膝弯曲，臀部朝上，背脊挺直，略如鹤形。两手十指交叉，手心向上，置于脐处，目神、心意注视丹田，呼吸一次，是为第一口气。两手上移至乳际，呼吸一次，是为第二口气。

两手相叉不变。向外翻转、向上伸直，伸时即吸气，伸完即呼气，神意在手，是为第三口气。保持姿势不变，连续呼吸五次，是为第四至第八口气。

两手分开，同时吸气，两手握拳收回时呼气，拳靠两肋，手指与肩平，神意注视丹田，是为第九口气。姿势不变，连续呼吸九次，是为第十至第十八口气。

两膝伸直，身体直立，两手各向左右伸平，易拳为掌，手心向上，人如“大”字形，行呼吸一次，是为第十九口气。保持姿势不变，连续呼吸五次，是为第二十至第二十四口气。手脚同时收回，手握成拳，置于胸际。以下姿势与猿功结束动作相同，是为第二十五口气。

习鹤功时，先做猿功一遍，后做鹤功一遍，遍数不限，循环间作，俟将收功。鹤功先拍，猿功后拍，拍后仍各做一至两遍才收功。总之，从猿功开始，以猿功收功。其余鹿、虎、熊三部功可停而不练。

风筝

风筝为中国人发明，相传墨翟以木头制成木鸟，研制三年而成，是人类最早的风筝起源，后来鲁班用竹子，改进墨翟的风筝材质，进而演变成为今日的多线风筝。当今，我国各民族都广泛开展放风筝活动，在对外文化交流、加强与世界各国人民友谊、发展经济和旅游事业中发挥着重要作用。

❖ 风筝的起源与发展

风筝，古时称为“鹞”，北方谓“鸢”。风筝起源于中国，而后广传于全世界，是一种传统的民间工艺品。中国最早出现的风筝是用木材做的，风筝源于春秋时代，至今已两千余年。相传“墨子为木鸢，三年而成，飞一日而败”。墨子制造的这只木鸢是最早的风筝，也是世界上最早的风筝（约公元前 300 年），距今已有 2400 年。

到南北朝，风筝开始成为传递信息的工具。从隋唐开始，由于造纸业的发达，民间开始用纸来裱糊风筝。到了宋代，放风筝成为人们喜爱的户外活动。宋人周密的《武林旧事》写道："清明时节，人们到郊外放风鸢，日暮方归"。鸢就指风筝。北宋张择端的《清明上河图》，宋苏汉臣的《百子图》里都有放风筝的生动景象。

直至东汉期间，蔡伦发明造纸术后，坊间才开始以纸做风筝，称为"纸鸢"。因此可以推断，中国风筝已有两千年以上历史了。墨子把制风筝的事业传给了他的学生公输班（也称鲁班），《墨子·鲁问篇》中说，鲁班根据墨翟的理想和设计，用竹子做风筝。鲁班把竹子劈开削光滑，用火烤弯曲，做成了喜鹊的样子，称为"木鹊"，在空中飞翔达三天之久。

古代风筝，曾被用于军事上之侦察工具外，更进行测距、越险、载人。南北朝风筝曾被作为通信求救的工具。梁武帝时，侯景围台城，简文尝做纸鸢，飞空告急于外，结果被射落而败，台城沦陷，梁武帝饿死，留下这一风筝求救的故事。

20世纪80年代以后，风筝开始广受喜爱，除原来双线外，演变成三线、四线的技术风筝或特技风筝。

风筝的形状主要是模仿大自然的生物，如雀鸟、昆虫、动物及几何立体等，而图案方面，主要由个人喜好而设计，有宣传标志、动物、蝶、飞鸟等，琳琅种种。风筝的制作材料除了丝绢、纸张外，还有塑胶材料造的，骨杆有竹篾、木材及胶棒制作，近来有人设计一种无骨风筝，它的结构是引入空气于绢造的风筝之内，令风筝形成一个轻轻飘走的气枕，然后乘风于上。中国、马来西亚、菲律宾及日本等，亦有一种大型的风筝，每到风筝节就将它放到蔚蓝的天空中，该等风筝之尺码为 10 ～ 12 尺不等，由百多人来放。

❖ 风筝的种类与特点

1．软翅风筝

即一般常见的禽鸟风筝。它的升力片（翅）是一根主翅条构成翅子的下部是软性的，没有主条依附，主体身架多数做成浮雕式。它的造型多数是禽鸟或昆虫。鹰、蝴蝶、蜜蜂、燕子、仙鹤、凤凰、蜻蜓、寒蝉、螳螂等皆属此类风筝。潍坊还有一种可拆装的软翅风筝，把传统的上下分开的蝴蝶翅膀，改为活翅膀，固定骨架，便于折叠，放飞效果逼真，翅膀一张一弛，保证了风筝的稳定性。

2. 硬翅风筝

常见的元宝翅沙燕风筝即属此类。它的特点是升力片（翅）用上下两根横竹条做成翅的形状，两侧边缘高，中间凹，形成通风道。翅的端部向后倾，使风从两翅端部逸出，平着看像元宝形。如北京流行的米字风筝、花篮、鸳鸯、喜鹊、鹦鹉等，这种风筝的硬翅是固定的形式，而硬翅范围以外的造型与骨架结构，则随内容题材的不同而变化。

3. 龙形风筝

主要以龙头蜈蚣风筝为主，也是风筝的一大特色。

4. 板子风筝

即人们传说的平面形风筝。从结构和形状上看，它的升力片就是主体，无凸起结构，风筝四边有竹条支撑。此类风筝较多见，扎制容易，飞升性能好，又适合表现多种题材，是少年儿童最喜爱的一种。板子风筝，京津地区也叫拍子风筝，有八角菱形或者瓢虫形，这类风筝一般都拖着个长长的尾巴或穗子，这对起飞有益处。板子风筝中，最简单的一种是“瓦片”块，方方的一片，南方农村叫它“二百五”，北方俗称“筝子”，又叫“屁

帘儿”。

5. 立体风筝

一般采用折叠结构的骨架，由一个或多个圆桶或其他形状的桶组成，如宫灯、花瓶、火箭等。

6. 运动风筝

又叫特技风筝，一般为三角形、滑翔伞状、眼镜形。与传统风筝不同，运动风筝不仅有单线的，还有双线的、四线的，可在空中做一些动作。如水平移动、俯冲、绕八字、转圈等。

7. 桶形风筝

由一个或多个圆桶或其他形状的桶组成的风筝，像宫灯、花瓶、

火箭、酒瓶等皆属此类。

8. 自由类

自由类包括跨种类，运用新技术，吸取外国风筝之长的风筝。跨种类的如“鹊桥会”，把串式、立体、板子等几种方法集于一体；运用新技术的如长120米的串式风筝“梁山一百单八将”“百鸟朝凤”等，不仅能迎风转动，还能敲锣打鼓、喷烟冒火，“孙悟空”还能在放飞中七十二变。

此外，风筝还有几大流派，即传统民间派、传统艺匠派和现代创新派。其中传统民间派的特点是：（1）民间风筝的制作者，多数是农民和手工艺人，一般地说，在艺术上没有经过专门的训练。他们按照自己对生活的直观感受和审美习惯，无拘无束地表达理想和愿望。他们的风筝，无论是造型、用料、色彩的配置和制作风格，都带有浓厚的乡土气息。（2）民间风筝大都是结合清明、重阳节这些传统节令制作的，所以其主题是有选择的，形式讲究装饰性。（3）民间风筝一般

都是就地取材，篾扎纸糊，不甚讲究，但风格粗犷，不矫揉造作。(4)民间风筝受地域性文化、经济、风俗习惯的影响，而且在制作中往往相互观摩、磋商，加之祖传、世袭的因素，所以，民间风筝带有古老传统的色彩，实际上是一种集体创作。

传统艺匠派则是由于出现了卖风筝的生意，专职风筝艺匠应运而生了。在风筝的发展历史上，有不少知名画家参与风筝的绘制和设计制作，出现了十分考究的风筝精品。当然，这些精品往往是有人专门提出要求，向艺人定做，这就是那句流传下来的谚语所说的情况“七分主人三分匠”。另外，在新旧朝代更替期间，一些宫廷风筝艺人流落民间，也促进了艺匠派风筝的发展和提高，使其带有宫廷风筝庄重、华贵的特点。传统艺匠派对风筝事业的发展,起到了良好的促进作用。

现代创新派，是到了现代，由于广大专业美术工作者、科技人员、工人、城镇居民踊跃参加风筝活动，充分发挥了现代工艺、现代科学技术的优势，在继承传统风筝的基础上，创造出了崭新的现代风筝。现代风筝的主要特点是重视新材料、新工艺的运用，造型简洁、明快、清新、巧妙，具有鲜明的时代性。

❖ 风筝的健身功能

春天放风筝，对人的身体健康是非常有益处的。传统中医认为，放风筝者沐浴和煦的阳光和春风，有“疏泄内热，增强体质之益。”史书《续博物志》也有“放风筝，张口仰视，可以泄热”之说。现代保健医学的研究也表明，在明媚的春光里踏青放风筝，可以舒展筋骨，让身体随着放飞的风筝而不停地移动，从而活动四肢百骸；同时，由于尽情呼吸着新鲜空气，吐故纳新，能促进人体的新陈代谢，改善血液循环状态，从而获得消除冬日气积郁、祛病健身之功效；此外，放

风筝时，双眼面对蓝天，飞行的风筝千姿百态，可以消除眼肌疲劳，调节和改善视力，预防近视和弱视。

近年来，国内外有些医院和疗养院采用“风筝疗法”治疗精神抑郁、神经衰弱、小儿智力不全等症，也收到了神奇的疗效。

放风筝也是一项健脑运动，需要全身心地投入。仅仅处理好放风筝和风向风速的关系，就得让放飞者动一番脑筋：风筝飞起来的必要条件是地面有风，但风速过大也不好放飞，因为这时空气水平方向力量过大，风筝不易“抬”上来，也很难控制；放风筝最怕的是风向不定，因为此时风筝最容易“栽”下来。古人认为放风筝的较高境界是：放时相牵，一线相连，未放之时，如马卧槽，放飞后如同进了赛马场，要精神抖擞，把线看作缰绳紧拉，如同驯马一般，然后望天入静，随飘移而前后奔走。

放风筝能使人情绪开朗、心境愉悦。放飞时，大脑高度集中，无疑会消除人的内心杂念；放飞者极目蓝天，其心胸也会感到开阔；此外，春季草长莺飞，触目皆景，放飞风筝，如同一次人与自然的美好对话。

小贴士

放飞时注意事项：

根据天气情况确定是否放飞风筝及适宜放哪类风筝。根据季节的不同及风力气候的变化，将欲放飞的风筝准备好。检查一下风筝有无破损、开裂现象，及时修补更换。

一般来说，当风力在1～3级的时候，可以放飞硬翅沙燕、软翅鹰；若风力在3级以上时，可以放飞拍子类风筝，如八卦；若风力在持续4～5级时，可以放飞龙类风筝。如果有运动风筝的话，可以放飞运动风筝，体会一下自由驾驭风筝飞翔的快乐感觉。

放风筝时首先要注意认清风向，当强风起飞时，风筝应置于侧风带，瞬间拉力不会太强。其次要注意认清气流，如四周有高楼或树木的运动场，高楼上或建筑物旁的气流会较不稳定，故不宜放风筝。

安全注意事项：

1. 机场旁、电线杆附近、火车道旁、高楼顶或闪电时，绝对不可以放风筝。

2. 在公园里、小山丘上、河川旁或海边空旷处，较适宜放风筝。

3. 放风筝时，最好戴上一副手套，以免在放飞时被线拉破手。

4. 根据风筝的大小和类型的不同，有时放飞时需要别人的帮助，约上几个朋友一起去放风筝是个不错的选择。

5. 如果风筝线因某种原因断掉，请将断线全部回收，不要随手乱扔。因为人们在行走或是骑车的时候，断线有可能成为割人的利器。

怎样带孩子放风筝？

1. 让孩子知道放风筝要选择怎样的天气。

春秋两季都是放风筝的好时节。而清明之前更是放风筝的黄金时节，因为这时的风向较稳，风速均匀，便于风筝放飞。同时天气干燥，风筝

不易受潮，能保持风筝原有的形状，不易损坏。

2. 告诉孩子放风筝应选择什么样的场地。

周围没有高大的建筑物，没有较高的树木和电线杆，地面也比较平整宽敞的地方是放风筝的好场所。

3. 带孩子放风筝，使孩子学习放风筝的本领。

放风筝时要两人互相配合。一个人拿好风筝，用手抓住风筝骨架的中心条，站在风筝背后或侧后，将风筝举起。使风筝略向前倾斜5～10度，往前跑。另一个人右手拿线拐，左手拿风筝线，并把线慢慢放出10～20米，线要拉紧，等到风力适宜时，持风筝的人向空中轻轻一松手，拿线的人随着风筝上升的方位和风势，不断调整自己站的位置，并调整放线的速度和长度，使风筝借助人的拉力和风力冲上蓝天。拿线的人分几次把线放出180～200米就可以了。一旦风筝飞到天上就平稳了。

风筝停止放飞回收线时，绝不能操之过急，要顺着风势和风筝的方位不断调整，慢慢地把线绕到线拐上。注意别把线拉断。当风筝快要落地时，另一个人要把握时机，接好风筝，免得风筝直接摔在地上造成损坏。

4. 让孩子知道风筝为什么能飞上天。

风筝为什么能飞上天，这里包含着力学方面的知识，我们可在放风筝时或放过以后引导孩子探索，让孩子有个初步的了解。

（1）要选有一定风力、晴朗的天气。风速一般在3～5级比较适宜。

（2）要选择较好的风筝。风筝本身必须有迎风的倾斜度，也就是指风筝的平面与脚线构成的“仰角”。一般情况下，脚线是两根的，迎角75度左右，脚线为三根的迎角在85度左右比较好。

（3）必须有来自放飞点的牵引力。也就是放风筝的人对风筝的拉力。

带上您的孩子，在蓝天白云下，放飞风筝，定会使您和孩子心旷神怡，快乐无比。

拔河

❖ 概述

拔河是我国古代民间流传的一项传统体育活动，具有悠久的历史，祖传始于春秋战国时期，楚越两国水军交战时，鲁国的工匠设计了一种称“钩强”的兵器，用于阻挡和钩住敌船，而在阻和钩时需要战士具有强大的力量，因此，当时把钩强对拉作为军事训练的重要内容。随着历史的发展这项军事运动逐渐演变为一项民间的体育娱乐活动，有的地区还形成了一种习俗，每逢佳节就用“牵强”之戏来进行庆贺。到了唐代改称为“拔河”，那时用的是四五十米长的粗大麻绳，绳索两头分别系有数百根小绳，每一根小绳由一人牵拉。当时，这项运动在唐代宫廷和民间都很流行，据《全唐诗话》中记载："唐中宗李显于景龙四年三月一日清明，幸梨园，命侍臣为拔河之戏。"《资治通鉴》中记载："景云元年春，上御梨园球场，命文武三品以上抛球及分朋拔河。"表明帝王公卿、达官显贵均以拔河取乐。开元年间，在宫中曾多次举行拔河比赛，唐玄宗为此作诗助兴。在薛胜《拔河赋》中称"皇帝大夸胡人，以八方平泰，百戏繁会，令壮士千人，分为二队，名拔河"，详尽地描绘了拔河比赛的壮观场面。另外，据文献记载，唐中宗李显还组织过女子拔河比赛，这充分说明了唐代社会的开放和妇女地位的提高。另有据《观拔河俗戏》记载，武则天在宫廷中举行拔河比赛，

人数之多、规模之大为历史罕见。拔河不仅成为宫廷中的主要娱乐活动，而且在民间广泛流行，民间称拔河为“俗戏”，这种游戏自古就有双重意义，一是用来训练军士的体力和意志，二是用来祈求丰收。春季是一年农事的开始，人们常在这个季节举行不同形式的拔河游戏以祈求农业丰收，据《隋书·地理志》记载：“钩初发动，皆有鼓节，群噪歌谣，震惊远近。俗云以此庆胜，用致丰穰。其事亦传于他郡。”反映出民间举行拔河时的热闹欢腾、欣欣向荣的景象，正由于拔河具有增强体质、培养意志的功能和庆祝、祈求丰收的意义，故为人民所喜爱。

拔河形式多种多样，有两人对抗，也有多人对抗；有徒手对抗，也有利用器械进行对抗等。现在，我们通常所说的拔河是指多人平均分成两队进行的徒手对抗。比赛时，参赛两队的人数必须相等，按事先确定的方位分别站于绳的两端，并握好绳，此时，绳的标志带应垂直于中线。待裁判员鸣哨后，两方各自一起向自己的方向用力拉绳，以一方把标志带拉过自己一侧的河界为胜方。

拔河运动具有较强的健身性、娱乐性，并能锻炼身体，陶冶情操，同时又不受时间、季节、场地、器械等影响，因此便于开展。参与此项活动既能增强力量、耐力、灵敏、灵巧等身体素质，又能培养顽强拼搏的意志品质和集体主义的优良作风。

❖ 基本技术

拔河技术概括起来可分为站位、握绳、用力三方面。

1．站位

两腿前后开立，前腿蹬直，脚掌内扣，后腿屈膝，上体后倾，与地面呈 60 度角，两手紧握绳，目视前方。

2. 握绳

前臂伸直，后臂屈肘，两手将绳握住，并将绳放置于后臂腋下方，紧靠住身体，同时，用腋部夹住绳。

3. 用力

听从指挥员指挥，全队应同时发力，以前脚用力向前下方蹬地，两手握紧绳，上体后倾。

❖ 拔河游戏方法

拔河，是将参加的人数平均分成两队，利用拔河绳进行的集体游戏。游戏的方法十分简单，在一块平坦的草地或操场上，画三条平行的短线，间隔相等，中间的为中线，两边的为河界，拔河绳中间系上

一根红带子作为标志带，下面悬挂一重物，垂直于中线，平展地放在地上。参赛的两队必须人数相等，每队选一名指挥员在比赛中根据具体情况进行临场指挥，其他的参赛队员依次交叉站在本方的拔河绳两侧，脚相抵，互相支撑，上肢放松握住拔河绳，身体重心降低，稍向后倒，两眼平视对方，做好准备姿势。裁判员检查标志带是否垂直于中线，直到检查完毕，符合规则，然后裁判员鸣哨，双方各自一齐用力拉绳，把标志带拉过本队河界的队为胜方。

❖ 拔河游戏规则

游戏规则规定裁判员鸣哨后双方运动员才能用力拉，要求队员不得在地面挖坑或借助其他任何外力。根据比赛性质确定每局的比赛时间，一般采用三局两胜制，胜负以标志带过河界垂直面为准。根据比赛的性质和规模，可用淘汰制或循环制进行。若采用循环制，每胜一场得 2 分，在判定名次时，按积分多少确定胜负，积分多者名次列前；两队积分相等，则按彼此之间胜负判定，胜者名次列前；3 队或 3 队以上的积分相等，则按胜负局数的比值决定，比值高者名次列前；若仍相等，则名次并列。

小贴士

拔河正式比赛要注意什么？

拔河作为我国一项群众运动，拔河比赛众人皆知。可当它成为一项正式的体育比赛项目时，拔河运动已将技术和力量融为一体，成为一项颇具观赏性的现代运动。

1. 一队一“锚人”

只要你观看过拔河比赛，你就能看到每支队伍都有一位非常特殊的队员，这位队员与其他选手的区别在于，他每回上场都全副武装，并头

戴类似于安全帽的帽子，他总是出现在队伍的最后，他在拔河比赛中有一个称谓叫“锚人”。其实，这顶“安全帽”是为了防止发生意外时造成对队员后脑部位的冲击和伤害，“锚人”对整个队伍起到稳定的作用。担当“锚人”的队员一般要比前面队员的块头大，他是队伍的方向盘。除了头盔，“锚人”还要在队服里面套上一个棉马甲之类的东西，所以一般“锚人”看起来都比较臃肿。

2．绳子、鞋子都讲究

拔河比赛所用的绳子并不是我们小时候拔河用的普通麻绳，它是马尼拉麻做成的，在结实的同时又有极好的稳定性，不会因为长久的使用而出现中间变细的情况。这种绳子长达 30 米，直径为 4 厘米，造价约为 5000 元。不仅是比赛用绳非常特殊，拔河运动员所蹬的拔河鞋，也相当特殊。拔河鞋的鞋底是用摩擦力很强的材质制成，如果你仔细观察，就会发现每次上场前队员们都会用专门的清洁剂仔细擦拭，以保证鞋底的干净，从而真正做到一尘不染。

3．赛前“闻鸡验身”

据比赛裁判介绍，因为每场拔河比赛都规定了重量级，所以上场前所有代表队的参赛运动员体重总和不能超过规定的公斤数。所谓为了避免“毛重”超过总重量，而导致不能参赛的情况发生，在称重的时候，每位队员都要一丝不挂地进行“净重”测量来保证参赛的资格。所以每天早上五点多的时候，参赛运动员就要起早通过“验身”这道程序。

跳绳

❖ 概述

跳绳是我国民间流行的一项体育活动。史书中都有关于跳绳的记载，唐代称跳绳为“透索”，每年八月十五日以“透索”为戏。宋代

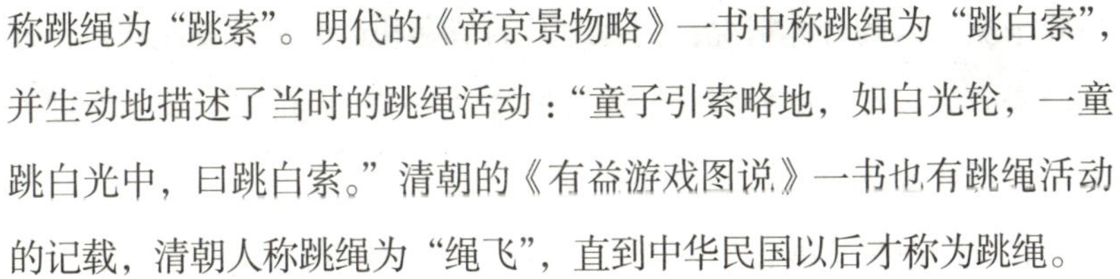

称跳绳为“跳索”。明代的《帝京景物略》一书中称跳绳为“跳白索”，并生动地描述了当时的跳绳活动：“童子引索略地，如白光轮，一童跳白光中，曰跳白索。”清朝的《有益游戏图说》一书也有跳绳活动的记载，清朝人称跳绳为“绳飞”，直到中华民国以后才称为跳绳。

跳绳活动在我国有着深厚广泛的群众基础，许多机关、厂矿一直把跳绳列为职工运动会的常设项目，它也是中小学体育教学和课外活动中很好的项目，许多学校举行形式多样的跳绳比赛。20世纪以后，在我国全民健身计划的推动下，跳绳运动在全国上下形成了一股热潮，跳绳技术在继承传统的基础上，不断创新发展，涌现出了不少跳绳高手。跳绳作为一项古老的民族体育活动，生机勃勃地活跃在中国大地。

跳绳活动只需一条绳索、一块空地，在门庭、院中或街心花园等地都能进行，十分简单易行，它不受季节、场地的限制，老少皆宜，

只要根据个人的身体情况，把握适宜的节奏和运动量，就能获得良好的健身效果。在我国的群众性体育健身活动中，跳绳可以说是开展得最为广泛和普及的运动项目之一。

正规的跳绳比赛设有裁判长、发令员、计时员、记录员和宣告员等。比赛主要以速度跳绳为主，比赛类型有单人跳、双人跳和集体跳三种。单人跳又分为 30 秒钟单摇跳、30 秒钟双摇跳、30 秒钟编花单摇跳、30 秒钟编花双摇跳；双人跳分为 1 分钟一人带一人单摇跳和 1 分钟一人带一人双摇跳；集体跳主要是指 3 分钟 10 人跑 8 字跳长绳。比赛方法都是在规定的时间内以跳绳次数的多少来确定胜负，次数最多者为第一名，依次类推。

❖ 基本技术和方法

1. 单摇跳

摇绳一回环、跳跃一次单摇跳。单摇跳分前摇跳和后摇跳，它是最基本、最简单的跳绳技术。

（1）单摇双脚跳

前单摇双脚跳时，两手握绳，两臂自然弯曲，将跳绳放在体后，两手腕同时用力从体后向体前做顺时针摇动，当绳摇转到体落触地时，双脚立即起跳让绳通过脚下，然后两脚同时落地，两腿屈膝缓冲，并准备再次起跳。后单摇双脚跳时，将绳放在体前，双手由体前向体后做逆时针摇动，当绳摇转到体后下落触地时双脚同时跳起让绳从体后向前通过。除摇绳方向相反以外，其他动作同前单摇双脚跳。

（2）单摇双脚交换跳

前摇双脚交换跳时，由体后向体前摇绳一回环，双脚交替跳，即原地跑步跳绳。后摇双脚交换跳时，则从体前向体后摇绳做双脚交换跳。原地双脚交换跳时，要求屈膝上抬，小腿不要后摆，双脚

依次蹬地并交替放松休息。单摇双脚交换跳的特点是跳得高、跳得快和跳的时间比较持久。

（3）单摇交叉脚跳

前摇绳或后摇绳，双脚同时跳起，落地时两脚左右交叉着地，也可前后交叉落地。如果交叉幅度大，摇绳回环速度可放慢。

2．双摇跳

双摇跳又叫两摇跳。其技术动作为跳跃一次，摇绳绕身两回环。双摇跳分为前双摇跳和后双摇跳两种，要求在熟练掌握单摇跳的基础上进行练习。

（1）双摇双脚跳

前双摇双脚跳是各种双摇跳的基础技术。学习前双摇跳可先做几个前单摇跳，使向前摇绳回环有了初速度，再突然加快摇绳，双脚同时高跳，每跳跃一次向前摇绳两回环。前双摇跳技术的关键是摇绳与跳的配合，高速快摇有利于完成动作。初练双摇跳时，可多做收腹、屈腿，增加腾空时间，使跳绳顺利通过脚下两次，掌握技术后可以连续做双摇跳练习。后双摇双脚跳，是由前向后摇绳两回环跳，练习时可将跳绳放长一些，两臂稍外展，快速摇绳使绳有打地声，这样便于控制起跳时机和节奏。

（2）双摇单脚跳

双摇单脚跳与双摇双脚跳的方法基本相同，只是用单脚跳起通过摇绳两回环。在掌握了双摇双脚跳以后既可做单脚跳练习，又可以做后双摇单脚跳。

（3）双摇双脚交替跳

先从单摇一回环单脚跳或两脚交替跳开始，然后加快摇绳速度，两回环跳一次，左右脚交替做双摇跳。两脚交替双摇跳较单脚双摇跳难学，但比单脚双摇跳持续的时间长、跳的次数多。练时先做单脚双摇跳，再向左右脚交替跳过渡，熟练掌握后再练习后摇双回环两脚交替跳。

❖ 跳绳游戏

跳绳游戏种类繁多，形式多样，通常有带人跳绳和跳长绳两种。带人跳绳是一种常见的寓趣味性和娱乐性的跳绳活动，包括一人带一人摇绳、钻绳洞、双人外手摇绳带人跳和带人双摇跳等；跳长绳是一项由多人参与的寓娱乐性和游戏性的跳绳活动，有原地跳长绳、跳长绳拾物、集体跑“8”字跳长绳和长短绳齐摇跳等。

❖ 场地、器材和比赛方法

1. 场地

（1）单人、双人跳绳

在比赛场地上画若干个直径为 2 米的圆圈，用白粉标明圈线。运动员在圈内跳绳，不得出圈或踩线，否则判为犯规。

（2）集体跳长绳

在比赛场地上画出宽 5 米、长 10 米的长方形，用白粉标出场地线。绳应在场地中部摇转，裁判员在两个摇绳人的中间距绳着地点 2 ～ 5 米处。

2. 器材

比赛用的绳可用棉纱、麻、塑料、尼龙等材料制成，短绳和长绳长度不限，但长绳的实际使用范围不得少于 4 米（从甲摇绳人的手至乙摇绳人的手之间绳的长度）。允许绳上有木把，绳中间接皮条、穿套管等，但禁止在绳上加铁质附属物。

3. 比赛方法

比赛开始以鸣枪或鸣哨为信号，结束时以鸣锣为信号停止计数。在规定的时间内以计数的多少判定胜负，计数多者为胜。

❖ 跳绳的健身功能

跳绳对心脏机能有良好的促进作用，它可以让血液获得更多的氧气，使心血管系统保持强壮和健康。跳绳的减肥作用也是十分显著的，它可以结实全身肌肉，消除臀部和大腿上的多余脂肪，使形体不断健美，并能使动作敏捷、稳定身体的重心。

跳绳能增强人体心血管、呼吸和神经系统的功能。跳绳能增进人

体器官发育，有益于身心健康，强身健体，开发智力，丰富生活，提高整体素质。跳绳时的全身运动及手握绳对拇指穴位的刺激，会大大增强脑细胞的活力，提高思维和想象力，因此跳绳也是健脑的最佳选择。

弹跳能刺激骨骼、肌肉，促进血液循环，此外还能加强淋巴系统的免疫功能，这对缓解便秘十分重要。便秘的人走路时，可以尽量加大腰和胯部的转动，像模特一样走猫步，这能起到对腹腔按摩的作用，能够加强内脏，特别是肠胃的蠕动，促进营养的吸收和废弃物的排出。

小贴士

跳绳注意事项：

跳绳运动是一种极安全的运动，绝少有运动伤害的发生，即使跳跃失败或停顿，也不会有坠落、跌倒、冲突或被用具所伤的危险。况且跳绳者又能随自己的身体状况、体力及技术度来自由调节跳绳的速度及次数，因此大家可安心地来练习。以下几点是大家练习跳绳时应注意的事项：

1. 选择适当的场地

灰尘多或有沙砾的场地及凹凸不平的水泥地应避免，最好选择铺木板的室内体育馆或具弹性的PU场地。

2. 穿着适当的服装

跳绳时，最好穿运动服或轻便服装，穿软底布鞋或运动鞋，这样活动起来会使你感到轻松舒适，轻易不会受伤。

3. 充分做好准备活动

跳绳是一项比较激烈的运动，练习前一定要做好身体各部位的准备活动。

4. 正确的跳绳方法

（1）跳绳方法是用前脚掌起跳和落地，切记不可用全脚或脚跟落地，以免脑部受到震动，当跃起在空中时，不要极度弯曲身体，而成为自然弯曲的姿势。跳时，呼吸要自然有节奏。

（2）握绳的方法两手分别握住绳两端的把手，通常情况下以一脚踩住绳子中间，两臂屈肘将小臂抬平，绳子被拉直即为适合的长度。

（3）摇绳的方法向前摇时，大臂靠近身体两侧，肘稍外展，上臂近似水平，用手腕发力做外展内旋运动，使两手在体侧做画圆动作，每摇动一次，绳子从地经身后向上向下，回旋一周，绳子转动的速度和手摇绳的速度成正比，摇动越快，则绳子回旋越快。

（4）停绳的方法向前摇时，一脚伸出，前脚掌离地，脚跟着地使绳停在脚掌下，向后摇时，则一脚后出，脚跟离地，脚掌着地，使绳停在脚底。

（5）要循序渐进练习

开始练习跳绳时，动作要由慢到快，由易到难。先学单人跳绳的各种动作，然后再学较复杂的多人跳或团体跳绳动作。

（6）活动时间

跳绳的时间，一般不受任何限制，但要避免引起身体不适，饭前和饭后半小时内不要跳绳。学校学生可利用课间操或下课时间或课外活动时间练习。

跳绳有益儿童身体健康：

1. 跳绳能确定儿童数学观念：不少儿童会数数，但往往是背书式或机械式的，他们并不明白数的真正含义。而跳绳活动能使他们把抽象的数与实际事物联系起来，从而使儿童能初步理解数的实际含义和形成数的概念。跳绳能提高儿童记忆能力：由于在跳绳过程中不断数数和跳绳次数所建立的“对应关系”，从而使抽象枯燥的数字变成了具体形象的事物。这样，使儿童的大脑皮层产生兴奋并提高儿童的兴趣，因而将抽象记忆转变为形象记忆。

2. 跳绳能促进儿童心灵手巧：人的机体在运动时会把信息反馈给大脑，从而刺激大脑的积极思维，而跳绳时的自跳自数正是这样，通过信息的来回往返，促进大脑思维加快，判断更准确，肢体活动灵活有力而达到心灵手巧。同时，能使语言变得清晰流畅，从而促进儿童智力、体力、应变能力的协调发展。

3. 跳绳能培养儿童节奏平衡：跳绳活动是左右两只手和左右两只脚都同时操作且有一定节奏的活动。这可以有效地促进儿童左半脑和右半脑协调发展，还可培养孩子具有规律性节奏感，使儿童的心理、生理都得到全面发展。

4. 跳绳能形成儿童的方位知觉：在跳绳活动中，有时是单人跳，有时会双人跳或是多人跳，有时还会简繁结合跳出许多新花样。这有利于培养儿童准确地形成时间概念和方位知觉。

女性跳绳减肥注意事项：

在各种健身运动中，跳绳花样繁多，可简可繁，随时可做。一学就会，特别适宜在气温较低的季节作为健身运动，而且对女性尤为适宜。跳绳能增强人体心血管、呼吸和神经系统的功能。跳绳可以预防诸如糖尿病、关节炎、肥胖症、骨质疏松、高血压、肌肉萎缩、高血脂、失眠症、抑郁症、更年期综合征等多种疾病，对哺乳期和绝经期妇女来说，跳绳还兼有放松情绪的积极作用。

从运动量来说，持续跳绳 10 分钟，与慢跑 30 分钟或跳健身舞 20 分钟相差无几，可谓耗时少，耗能大的有氧运动。女性健身者可以遵循如下运动：初学时，仅在原地跳 1 分钟；3 天后即可连续跳 3 分钟，3 个月后可连续跳上 10 分钟；半年后每天可实现每次连跳 3 分钟，共 5 次，直到一次连续跳上半小时。一次跳半小时，就相当于慢跑 90 分钟运动量，已是标准的有氧健身运动。同时跳绳者要注意如下事项：

1. 应穿质地软、重量轻的运动鞋，避免脚踝受伤。

2. 绳子软硬、粗细适中。初学者通常宜用硬绳，熟练后可改为软绳。

3. 选择软硬适中的草坪、木质地板和泥土地的场地较好，不要在硬性混凝土地面上跳绳，以免损伤关节，引起脑部震荡。

4. 跳绳时需放松肌肉和关节，脚尖和脚跟需用力协调，防止扭伤。

5. 体重较重者宜采用双脚同时起落。同时，上跃也不要太高，以免关节因过分负重而受伤。

6. 跳绳时注意最好在户外进行，在家跳绳需注意保护瓷器等易碎物品。

图书在版编目（CIP）数据

民族传统体育 / 周洪生，周健川编著. -- 长春：吉林文史出版社，2014.7（2023.6重印）

ISBN 978-7-5472-2229-4

Ⅰ. ①民… Ⅱ. ①周… ②周… Ⅲ. ①传统体育项目–基本知识 Ⅳ. ①G85

中国版本图书馆CIP数据核字(2014)第134027号

民族传统体育

MINZU CHUANTONG TIYU

出 版 人　张　强
主　　编　周殿学　周洪生
编　　著　周洪生　周健川
责任编辑　王　新
封面设计　袁　野
出版发行　吉林文史出版社
地　　址　长春市福祉大路5788号
网　　址　www.jlws.com.cn
开　　本　720mm × 1000mm　1/16
印　　张　12
字　　数　100千
印　　刷　天津市天玺印务有限公司
版　　次　2015年5月第1版　2023年6月第4次印刷
书　　号　ISBN 978-7-5472-2229-4
定　　价　59.80元